永久属国論

Japan's
eternal
dependency
of
USA

憲法・サンフランシスコ平和条約・日米安保の本質

山田 順
Jun Yamada

さくら舎

はじめに

この世の中には、現実認識に基づかず空想を語る人々が、数多く存在する。たとえば、「左翼《さよく》」あるいは「左派《さは》」「護憲派《ごけんは》」と呼ばれる人々は、「憲法第9条のおかげでこれまで日本では平和が保たれてきた。憲法を守れば平和を維持できる。日本は戦争に巻き込まれない」と言う。そして、「右翼《うよく》」あるいは「右派《うは》」「改憲派《かいけんは》」と呼ばれる人々は、「憲法はアメリカがつくったのだから、これを改正して自主憲法を制定すれば、日本は独立を達成できる」と言う。

どちらも、〝美しき誤解〟、はっきり言えば嘘である。

「戦争の放棄」と「戦力の不保持」を第9条でうたっている日本国憲法は、この国では「平和憲法」とも呼ばれてきた。しかし、ここにうたわれた平和というのは、〝日本のための平和〟ではなく、〝アメリカのための平和〟である（〝連合国のための平和〟と言い換えてもいい）。なぜなら、日本一国だけが戦争を放棄し、戦力を保持できないことになっているからだ。それなのに、このアメリカのための平和を守ろうと必死になって運動をしている人々がいる。彼らは口々に「戦争反対！」を叫び、反米運動すら行っている。哀《かな》しくて滑稽《こっけい》である。

こうした人々に対して、改憲派は現実認識においては、ほぼ間違ってはいない。なぜなら彼らは、1945年（昭和20年）に第二次世界大戦の敗戦国となって以来、この国が平和と繁栄を維持できたのは、アメリカの軍事力、いわゆる「核の傘」（nuclear umbrella）があったからだと考えているからだ。つまり、日本がアメリカの「従属国《じゅうぞくこく》」「属国《ぞっこく》」（dependency：ディペンデンシー：依存していること）であったことが、平和維持の最大の理由としている。

ただし、彼らは長年にわたって、この日本の〝立ち位置〟が不満だった。アメリカが制定した憲法がある限り、日本は真の意味で「独立国家」（independent state）になれないと考え、どうしても憲法を改正したいと願ってきた。

しかし、憲法を改正すれば、日本は独立国家になれるのだろうか？

日本の国際社会における行動を規定しているのは、その効力が国内だけに限られる憲法ではなく、「国際法」（international law）や「国際条約」（international treaty）である。したがって、いくら憲法を改正しようと、これらの枠組みを変えない限り、日本は独立国家にはなれない。まして一部の右翼が望む戦前回帰など達成されない。

このことを改憲派は知っていて言わないか、あるいはまったく認識していない。つまり、彼らもまた、現実に基づかない空想をしているのだ。

本書中で詳しく述べていくが、日本の現在の国のかたちは憲法だけでつくられているのではない。ポツダム宣言の受諾による敗戦から、連合国（主にアメリカ）による占領、天皇の人間宣言、日本国憲法の制定・公布、サンフランシスコ平和条約（以下、SF平和条約と表記）の締結・発効、日米安全保障条約及び日米地位協定の締結・改定などの歴史的イベントの積み重ねによってつくられてきた。

この世界は、「事実の論理」(logic of events：ロジック・オブ・イベンツ）で動いているのであり、これを受け入れない限り、私たちは将来の平和も安全も構築できない。

憲法改正と言うと、多くのメディアや訳《わけ》知り顔のコメンテーターたちがいつも決まって言うことがある。「国民的な議論が待たれます」「十分な議論を尽くすべきです」である。彼らは、「どんなことでも話し合えば解決できる」という〝宗教〟を信じているかのようだ。

しかし、いくら議論しても無駄である。なぜなら、護憲派も改憲派も前記したように現実認識を大きく誤っているからだ。現実認識とは、歴史をどう捉《とら》えるかでまったく変わってくる。

残念ながら、多くの日本人が、近代国家になって以来の日本の歴史を正確に認識・把握していない。私たちは、いまここに至るまでどんな道を歩いてきたのか？　そしてどこに行こうとしているのか？をわかっていない。

これは、自虐史観《じぎゃくしかん》、皇国史観《こうこくしかん》などという問題を超えて、「左」の人々にも「右」の人々にも共通する問題である。

日本が主権を確立した「近代国家」（modern state）だったのは、１９０２年から１９４５年の間のたった43年間だけである。また、１９５２年のＳＦ平和条約の発効で日本は〝再独立〟したことになっているが、これは大きな間違いである。ＳＦ平和条約にしても、同時に結ばれた日米安全保障条約と日米地位協定にしても、日本の「主権」（sovereignty）は認めていない。認めているのは「自治権」（autonomy）だけだ。これらの国際条約が、日本の主権を認めていないのに、なぜ日本を独立した一つの国だと言うことができるのだろうか。

さらに、日本の敗戦を決めたポツダム宣言の受諾は「無条件降伏《こうふく》」（unconditional surrender）ではない。そのため、日本の天皇制は維持され、昭和天皇はＧＨＱ（連合国最高司令官総司令部）の要望を受け入れて「人間宣言」（昭和21年元旦の天皇詔書《しょうしょ》）をした。この人間宣言のほうが、日本の国のかたちに関しては、憲法よりはるかに重要なことなのに、私たちはそれを認識していない。

いったいなぜこんなことになってしまったのだろうか？

それは、日本の歴史教科書がこれらのことをほぼ無視してきたからである。なにしろ、どこにもそんな事実はないのに、ＳＦ平和条約については「日本は再独立した」と書かれているし、敗戦については「日本は無条件降伏した」と書かれている。

これでは、多くの日本人にとって、現在の国のかたちがわからなくなって当然だ。日本は、世界にいろいろある国のなかの一国で、長い歴史と伝統を持った「誇るべき国」であることには変わりがないが、自身の意思によって自分たちの行動を決めることができない国である。

本書では、この厳然たる事実を、歴史検証に基づいて述べていく。なぜ、そんなことをしなければならないのだろうか？

それは、もうこれ以上、日本人同士で現実を無視した〝嚙《か》み合わない議論〟を続けてほしくないからだ。さらに、近年、日本を取り巻く国際情勢が大きく変わってきており、早急に国のかたちを変えないと、平和と安全が保てそうにないからである。

外交を自国利益の追求としか考えない中国の拡張主義が、これ以上続けば、日本の安全と平和は脅《おびや》かされる。すでに、尖閣諸島《せんかくしょとう》において、日中の武力衝突がいつ起こっても不思議ではない状況になっている。

同じく、北朝鮮がこれ以上、核とミサイル開発を続ければ、どうなるだろうか？　現在、北朝鮮はアメリカ本土にまで届くＩＣＢＭ（intercontinental ballistic missile：大陸間弾道弾）を実戦配備しようとしているが、これが実現すれば、これまで日本の平和と安全を守ってきたアメリカの核の傘は消滅してしまう可能性が高い。

もちろん、アメリカの核の傘は日本を北朝鮮からだけ守っているわけではない。冷戦時代を振り返れば自明なように、ロシア（ソ連）、中国からも守ってきた。しかし、ロシア、中国との間にはすでに核の傘はほとんど機能しなくなっているので、ここにさらに北朝鮮が加わるのだから、その衝撃は計りしれない。

2017年5月3日、安倍晋三《あべしんぞう》首相は「2020年を新しい憲法が施行《しこう》される年にしたいと強く願っている」というビデオメッセージを発信し、悲願の憲法改正を強く訴えた。

安倍首相は、2020年の東京五輪開催の年を新憲法の施行の年とし、改正案として憲法第9条1、2項（「戦争の放棄」と「戦力の不保持」）はそのまま残して3項を加え、そこに自衛隊を明記して合憲化するという改正案を提示した。

この首相の改正案の内容はともかくとして、日本がいま時代の転換点《ターニング・ポイント》を迎えているのは確かである。2020年の東京五輪が一つの転換点と捉えられているが、その前に「平成」が終わる。少なくとも2019年からは新元号《げんごう》による日本独自の歴史が始まる。となれば、戦後70年以上続いた日本国憲法の時代を終わらせることは、現代に生きる日本国民に課せられた大きな命題と言っていいかもしれない。

2017年1月。アメリカではドナルド・トランプ大統領という、〝型破《かたやぶ》り〟の大統領が誕生した。この〝ナルシスト〟大統領は、歴史認識が脆弱《ぜいじゃく》なうえ、先人《せんじん》たちが築いてきた世界平和のメカニズムを理解していない節《ふし》がある。彼の頭の中にあるのは、常に「自分」と「取引」（deal：ディール）だけだから、安全、平和、自由、公正、人権などという譲れないことすら、取引してしまう可能性がある。

そんなトランプ大統領は、2016年の大統領選挙期間中に、日米安保の片務《へんむ》性、米軍駐留《ちゅうりゅう》経費負担を不公平として、「全額払え。そうしなければ撤退もありえる」と言ったことがある。しかも、『ニューヨーク・タイムズ』（NYT）や『ワシントン・ポスト』（WP）のインタビューで、「もし、中国が日本を攻撃したらどうするか?」という質問に対して、「アメリカが一歩引いても、日本は自ら防衛できるだろう。日本は中国との戦争に勝ち続けた歴史がある」などと、ピント外《はず》れのことを平気で言っていた。

現在の日本のどこにそんな「防衛戦力」があるのだろうか?

彼は、2017年2月の日米首脳会談で、安倍首相に「アメリカは100パーセント日本とともにある」と言ったが、いっしょに戦うとは言わなかった。

歴史を顧《かえり》みれば、アメリカはいかに同盟があろうと、同盟国の戦争に自動参戦などしない。第一次大戦でも第二次大戦でも、どんなに英仏が窮地《きゅうち》に立たされても参戦しなかった。第二次大戦にアメリカが参戦したのは、日本を挑発して真珠湾《パールハーバー》を奇襲されたからであり、それでも独伊には宣戦布告をしなかった。独伊のほうは、日本が勝手にアメリカを攻撃したから仕方なくアメリカに宣戦布告をしたのである。

現在、アメリカ国内には、「北への先制攻撃論」(preemptive attack on North Korea)が根強くある。ジョン・マケイン上院議員とともに共和党保守派を代表するリンゼー・グラム上院議員がその筆頭だ。彼は、大統領は米本土を守る責任があるとし、北朝鮮を攻撃せよと主張している。韓国と日本の犠牲はやむをえないというのだ。

それとともに、アメリカ国内で、高まってきたのが、「日本に改憲させろ」という声である。民主党、共和党を問わず、こう主張する議員がいる。

2017年5月9日、『ウォールストリート・ジャーナル』（WSJ）は、オピニオン欄に「Japan's Constitutional Gamble」（日本の憲法ギャンブル）というタイトルの記事を掲載した。この記事の主張は、北朝鮮や中国の脅威が高まっているいま、日米は共同して防衛と抑止に努めなければならないが、第9条を持つ日本国憲法はそのためのリスクになっているというものだった。憲法第9条が集団防衛を阻《はば》んでいるというのである。つまり、この状況をなんとかすべきと、この記事は暗に示唆《しさ》していた。

WSJの主張は、アメリカ国民と議員たちの主張の代弁と考えていい。トランプ大統領が日米安保の片務性を批判したように、憲法もまた批判の対象になったのだ。

たとえば、民主党のブラッド・シャーマン下院議員は「日本は私たちが攻撃されても憲法を口実に助けようとはしないから、私たちは尖閣諸島を守る必要はない」と、主張している。

本書の最終目的は、このような迫りくる危機を前にして、日本人がこれまで信じてきた一般的な歴史認識を修正することにある。私は改憲論者（憲法破棄でもいい）だが、改憲すれば、現在の日本が抱《かか》える問題が解決できるとは思ってはいない。前記したように、改憲したからといって、日本は独立国になれるわけがないからである。

しかし、いまここで憲法に関する不毛《ふもう》な論争を終わらせなければ、日本は道を誤るかもしれない。歴史に学んで、現実主義に立てば、私たちは、ごく自然にこの国に誇りを持てるようになる。

そうなることを願って、本書を書き進めた。

山田　順

目次◆永久属国論――憲法・サンフランシスコ平和条約・日米安保の本質

第3章　サンフランシスコ平和条約による属国固定化

第4章　日米安保条約と沖縄返還の真相

第5章　たった43年間だけの独立国家　1902—1945

第6章　冷戦と核武装と国家主権

第7章 中国の覇権拡大と尖閣諸島の地政学

第8章 アメリカ世界支配の構造

第9章　アメリカ一極世界は永続するか

永久属国論

――憲法・サンフランシスコ平和条約・日米安保の本質

第1章

アメリカの属国

なぜ憲法を改正しなければならないのか？

世界のほぼどんな国も完全な「独立国家」(independent state) たりえない。アメリカ合衆国は「世界覇権」(world hegemon) を持ち、またロシアや中華人民共和国は「地域覇権」(regional hegemon) を持っているから例外と言えるが、それ以外の多くの国は、その独立性を担保してくれる覇権国（大国）の承認と庇護《ひご》がなければ存立できない。

それなのに、日本人の多くは、この国は誰の助けもなしに、独自に存在していると思い込んでいる節がある。この現実を無視した不思議な自己認識。それは、いったいどこからくるのだろうか？

とくに最近の若い世代は、メディアが垂れ流す〝日本スゴイ〟に染まってしまい、自分たちの本当の姿を見失っているように思う。自分たちがどこから来てどこに行こうとしているのか？　そしていま、どこにいるのか？　このことを正確に認識しないと、国をめぐるどんな議論も噛み合わないだろう。

とりわけ日本国憲法をめぐる議論は、その典型ではなかろうか？

１９４７年（昭和22年）５月３日、占領国アメリカによって日本国憲法が施行されて以来、この国では二つの勢力が憲法をめぐって激しく争ってきた。この二つの勢力を、単純に「右派」と「左派」として、右派は憲法改正を目指す勢力、左派は憲法堅持《けんじ》を目指す勢力としよう。「右翼」や「左翼」、「保守」や「リベラル」という言葉を使ってもいいが、日本ではこれらの言葉の意味するところが欧米とは違っているうえ、ねじ曲がっていると言えるので、本書では「右派」＝「改憲派」と「左派」

＝「護憲派」としておきたい。

それでは、改憲派が憲法を改正したい目的とは、なんだろうか？

２０１７年（平成29年）５月３日、改憲派集会に寄せたビデオメッセージで、安倍晋三首相はこう述べた。

「たとえば、憲法９条です。今日《こんにち》、災害救助を含め、命がけで24時間、３６５日、領土、領海、領空、日本人の命を守り抜く。その任務をはたしている自衛隊の姿に対して、国民の信頼は９割を超えています。

しかし、多くの憲法学者や政党のなかには、自衛隊を違憲とする議論が、いまなお存在しています。『自衛隊は、違憲かもしれないけれども、なにかあれば命を張って守ってくれ』というのは、あまりにも無責任です。

私は、少なくとも私たちの世代のうちに、自衛隊の存在を憲法上にしっかりと位置付け、『自衛隊が違憲かもしれない』などの議論が生まれる余地をなくすべきであると考えます」

こうして、安倍首相は、「第９条１項、２項を残し、３項をつくり、そこに自衛隊を明文で書き込む」という提言を行った。

しかし、１項は「戦争の放棄」、２項は「戦力の不保持」をうたっているので、単に自衛隊を明文化して加えても矛盾が大きくなるだけである。つまり、「１項、２項を残す」というのは、護憲派及び左翼におもねった〝姑息《こそく》な〟改正案と言わなければならない。もっと言えば、首相として、本当にこの国と国民の平和と安全に責任を持っているのかと批判したくなる。

しかも、憲法を改正しなくとも、すでに自衛隊は存在し、日本は武力（force：フォース：軍事力）を保持してしまっている。また、他国からの武力攻撃に対して武力で反撃できる「個別的自衛権」(the right of individual defense) は現憲法においても認められると解釈されている。問題は「集団的自衛権」(the right of collective defense) だが、これに関しても、２０１５年（平成27年）９月の「安保法制」の成立で、ある程度の行使が可能となった。

憲法改正の本当の目的は「自主独立」

もうあえて書くまでもないが、安倍首相以下自民党の右派が憲法改正をしたいのは、日本を誇れる「独立国家」にしたいからである。

２０１７年6月19日、麻生太郎《あそうたろう》副総理兼財務相は横浜市内で講演し、首相の憲法改正の提言について触れて、こう述べた。

「自民党結党のころからの夢だった自主独立の元での憲法改正をきっちりとやりたい」

この「自主独立」ということこそが、憲法改正の本当の目的である。すでに、自民党内には憲法改正推進本部があり「改正草案」を発表している。その「改正草案Q＆A」では、改正の目的が次のようにはっきりと書かれている（自民党憲法改正推進本部：http://constitution.jimin.jp/faq/）。

《Q：なぜ、今、憲法を改正しなければならないのですか？　なぜ、自民党は、「憲法改正草案」を取りまとめたのですか？

A：わが党は、結党以来、自主憲法制定を党是《とうぜ》としています。占領体制から脱却し、日本を主権国家にふさわしい国にするため、これまで憲法改正に向けて多くの提言を発表してきました。

昭和31年4月28日『中間報告―憲法改正の必要と問題点』
昭和47年6月16日『憲法改正大綱草案（試案）―憲法改正の必要とその方向』
昭和57年8月11日『日本国憲法総括中間報告』
平成17年11月22日『新憲法草案』
平成24年4月27日『日本国憲法改正草案』

現行憲法は、連合国軍の占領下において、同司令部が指示した草案を基に、その了解の範囲において制定されたものです。日本国の主権が制限された中で制定された憲法には、国民の自由な意思が反映されていないと考えます。そして、実際の規定においても、自衛権の否定ともとられかねない9条の規定など、多くの問題を有しています。》

ここでのポイントは、改正の目的を「占領体制から脱却し、日本を主権国家にふさわしい国にするため」と言っていることだ。つまり、自民党は現在の日本がいまだに「占領体制」にあると認識していることになる。となると、「自主独立」はなにを意味するのだろうか？

それは、アメリカから独立するということにほかならない。それ以外に取りようがない。つまり、憲法改正は、アメリカからの独立の手段なのである。

しかし、憲法改正をしたからといって独立できるかどうかはわからない。それは、憲法はあくまで国内法であり、日本の国のかたちを規定しているのは、憲法より国際条約と言えるからだ。このことは、このあとの章で順次述べていくが、改正しないより改正したほうが独立に近づくのは間違いない。

安倍首相は、２００６年（平成18年）の就任（第一次安倍内閣）以来、「戦後レジームからの脱却」をずっとスローガンとして掲げてきた。この戦後レジームというのは、「占領体制＝半独立」を指すのは間違いない。つまり、アメリカの「従属国」「属国」（tributary state、dependency）という日本のポジションが不満であるということになる。

たしかに自民党は、憲法改正を党是としてきた。１９５５年（昭和30年）に自由党と日本民主党が合併して自由民主党が設立されたとき、鳩山一郎《はとやまいちろう》、三木武吉《みきぶきち》、岸信介《きしのぶすけ》らは、自主憲法の制定を一つの目標として掲げた。彼らは、「サンフランシスコ平和条約」（San Francisco Peace Treaty、以下ＳＦ平和条約と表記）によって独立を回復したとしても、じつはそれが本当の独立ではないことをわかっていた。したがって、できるだけ早い時期に、憲法を改正しようと考えたのである。

ところが、東西冷戦が激化し、そのなかで対共産圏の防波堤《ぼうはてい》となることで安住が保証されたので、これに甘んじることにしてしまった。アメリカの核の傘で守られているなら、憲法など改正しなくてもかまわないと考えを変えてしまったのである。

もちろん、憲法改正の発議《ほつぎ》に必要な議席の3分の2を取れなかったこともある。しかし、自民党内に「憲法改正反対」の議員（ハト派）が多かったことも改正を阻《はば》んできた大きな原因だ。かつて宮澤喜一《みやざわきいち》首相（当時）は、「改憲できない最大の理由は自民党内に改憲反対の議員が多くいるからだ」と述べたことがある。

しかし、時代は移り、国際情勢は大きく変わった。もはや自民党内に、改憲反対の議員はほとんどいなくなった。

護憲派（左翼）は現実無視の「夢想集団」

それでは、いわゆる「護憲派」（左派、左翼）はなぜ、憲法改正に反対するのだろうか？

安倍首相がビデオメッセージを出した5月3日、この日は「憲法記念日」とあって、日本各地で憲法関連の集会が開かれた。そのなかでもっとも大規模だったのが、民進、共産、自由、社民の4野党幹部と護憲派が東京・有明《ありあけ》防災公園で開いた「施行70年　いいね！　日本国憲法――平和といのちと人権を！　5・3憲法集会」だった。

この集会で、民進党の蓮舫《れんほう》代表（当時）は、「総理の、総理による、総理のための憲法改悪には絶対反対しないといけない」と述べ、憲法で規定されている基本的人権の尊重と平和主義、国民主権の三原則が脅かされていると指摘、「安倍首相は口を開くたびに（憲法の）どこを変えるかを変えてくる。いまの政権はおごりがすぎる」と批判した。

これでは、反対論と言うより、単なる文句にしか聞こえない。与党批判の材料としての改憲反対にすぎないからだ。それを裏付けるように、彼女は「民進党は国民のみなさまとともに、未来志向の憲法をいっしょに構築していきたい」と述べ、改憲反対は野党としてのポーズにすぎないことを、いみじくも漏《も》らしてしまった。

蓮舫代表の定見のなさに比べ、日本共産党の志位《しい》和夫《かずお》委員長ははっきりしていた。「70年間変える必要がなかったことが憲法のすばらしさだ。変えるべきは憲法ではなく、憲法をないがしろにした政治だ」と述べ、改憲は不要と強調したのである。

そして志位氏は、集団的自衛権の限定的行使を容認した「安保法制」を「戦争法」と断じ、海上自衛隊の護衛艦が5月1日から初の米艦防護を行ったことについて、「〝戦争法〟を初めて発動し、地域の軍事対軍事の緊張を悪化させる。日本がやるべきは米国従属ではなく、対話と交渉による働きかけだ」と言ったのだった。

要するに、依然として「自衛隊の存在そのものが違憲だから認められない」という立場なのである。憲法に書いてあるように、日本は戦争を放棄して軍を持たないようにしなければならない。つまり、日本を取り巻く世界がどうなろうと、憲法の条文どおりに生きろというのが、共産党の主張なのだ。これは、社民党も同じだ。

前記したように、志位委員長は「日本がやるべきは米国従属ではない」とも言った。このことは、護憲という主張から考えると、じつは大きな矛盾を孕《はら》んでいる。なぜなら、アメリカがつくった憲法を守り抜くことこそ最大の米国従属だからだ。

「護憲派＝左派、左翼」とするなら、この人々は、常に米軍駐留に反対してきた。米軍基地反対運動を展開しながら、アメリカがつくった憲法を守れと言ってきた。この行動と主張の矛盾は、常識人の理解の範囲を超えている。

日本の左翼は、ことあるごとに自民党政権がアメリカの言いなりであることを批判してきた。その自民党は表面的には親米だが、自主独立という面では「反米」の心情を持つ議員も多い。

ここで、右翼、左翼をイメージで考えてみると、次のようになるのではないか？

右翼＝街宣車《がいせんしゃ》で、軍歌を大音響で流す。集会では日の丸、旭日旗《きょくじつき》を掲げ、ハチマキ姿で、「皇国日本」をアピール。アメリカ文化（に限らず他国文化）は徹底排除。天皇陛下《へいか》、万歳！

左翼＝ときにヘルメットをかぶり、プラカードを掲げて座り込みをする。日教組《にっきょうそ》などに代表され、集会では常に「反戦」「反米」「憲法を守れ」を叫ぶ。軍国主義反対、米軍は出て行け！

第二次大戦前の時点で、「コミュニズム」（communism：共産主義）は左翼《レフト》と呼ばれ、「ファシズム」（fascism：全体主義）は右翼《ライト》と呼ばれていた。しかし実際には、この二つの思想集団が理想とした政治体制はよく似ていた。どちらも統制がとれた国民集団を強権政府がコントロールするというものだった。

アメリカはナチスドイツなどのファシズム国家を叩くため、共産主義のソ連と手を結んで戦った。そして、戦後はそのソ連と冷戦で戦った。結局、アメリカを軸にすれば、右翼も左翼も反米なのである。

「安保法制」はアメリカの対日要求と暴露

ここで、２０１５年8月、「安保法制」の国会審議の際のある出来事について述べておきたい。それは、日本の国会では本当に珍しく、「属国」「植民地」という言葉が飛び出したからだ。このとき、政府を追及した山本太郎《やまもとたろう》議員の質問は熱を帯びていた。

山本議員は、8月19日の参議院特別委員会で、「永田町《ながたちょう》ではみんな知っているけど、わざわざ言わないことを質問していきたいと思います」と切り出し、安保法制に関する一連の法案がすべてアメリカの対日要求であることを暴露したのである。

じつは、安保法制はもちろんのこと、原発再稼働、ＴＰＰ（環太平洋戦略的経済連携協定）まで、安倍内閣の政策はすべて、「第３次アーミテージ・ナイ・リポート」と呼ばれるアメリカの政策提言報告書（The US-Japan Alliance: Anchoring Stability in Asia）のコピーであり、山本議員が言うように、永田町ではこの事実を多くの人間が知っていた。

しかし、新聞やテレビなどの大メディアがまったく触れなかったので、一般国民のほとんどは知らなかった。それを、山本議員は、あえて国会の場で「公《おおやけ》」にしてみせたのだ。

「第3次アーミテージ・ナイ・リポート」というのは、２０１２年にリチャード・アーミテージ元米国務副長官、ジョセフ・ナイ・ハーバード大学特別功労教授（国際政治学者）が共同で執筆したものので、日本政府への政策提言である。この二人は、「知日派」と日本のメディアでは呼ばれているが、アメリカ政府内で対日政策を決める際に一定の影響力を持つエキスパートなので、「ジャパンハンドラーズ」（Japan handlers：日本を手なづける人々）とも呼ばれている。

つまり、山本議員は、日本政府はジャパンハンドラーズの言いなり、アメリカ政府の言いなりであり、それは独立国家ではない、属国にすぎないと指摘したのである。そうして、「これ、独立国家って呼べますか？」「いつまで没落間近の大国のコバンザメを続けるのですか？」「いつ植民地をやめるんですか？」と政府に迫ったのだ。

しかし、岸田《きしだ》文雄《ふみお》外務大臣（当時）は、それを肯定しなかった。質問の主旨を外して、報告書は「あくまで民間の報告書」として、安保法制などは「報告書を念頭に作成したものではなく、あくまでもわが国の国民の命や暮らしを守るためにどうあるべきなのかという自主的な取り組みだ」と述べたのだ。さらに中谷元《なかたにげん》防衛大臣（当時）も、「安保法制はあくまでもわが国の主体的な取り組み」と述べたのである。

自民党は結党以来、この問題に対してはいつもはぐらかしてきた。憲法改正推進本部のホームページにはっきりと、「独立したい」旨《むね》を明記しているにもかかわらず、質問されると否定するのだ。あくまで、日本は独立国家だと言い張るのである。

独立国家であることを前提にした政府批判

政府がこのような厳然たる事実をタブーとし、それを国民に隠し続けるから、戦後教育のなかで育った世代は、誤った現状認識を持つ。日本は独立国なのだから、なぜアメリカの言いなりにならなければいけないのか？　と考えることになる。山本議員のように、不満の矛先《ほこさき》を政府に向ける議員も現れる。

こうした政府の態度は、自民党の憲法を改正したいという表明と、まったく矛盾する。

山本議員の〝爆弾質問〟からほぼ一カ月後、２０１５年９月19日に安保法制は国会で成立した。その二日後、リベラルな新聞とされる『東京新聞』が、「これからどうなる安保法⑴米要望通り法制化」という記事を掲載した。

この記事は、日本の新聞のなかでおそらく初めて「日本がアメリカの属国」であることを堂々と書き、政府がアメリカの要望通り安保法案を成立させたことを批判するものだった。つまり、山本議員の国会質問と内容はまったく同じだった。

ではなぜ、この記事を書いた記者は、山本発言を後追いしてまで、政府の姿勢を追及したのだろうか？

その理由は、記事の最後の部分に書かれていた。

《違憲の指摘にも、国民の反対にも耳を貸さず、集団的自衛権の行使容認に踏み切った安倍政権。米国から具体的な要求を受けた時、主体的に判断できるのか。報告書（アーミテージ・ナイ・リポート）と、安保法をはじめとする政権の政策の関係を見る限り、疑問と言わざるを得ない。》

つまり、違憲である「安保法制」を成立させた安倍政権を批判するのに、《米国から具体的な要求を受けた時、主体的に判断できるのか》と噛みついたのである。安保法制審議中に護憲派が訴えていたのは、「日本を戦争ができる国にしていいのか」「アメリカの戦争に巻き込まれていいのか」ということだった。

国会前には、「反戦」と「平和」を叫ぶ集団が連日集まり、繰り返し同じことを叫び続けた。「SEALDs」（シールズ）という学生団体も出現し、反戦・平和運動は、毎晩盛り上がった。

しかし、彼らを批判しても意味はない。なぜなら、彼らは、どうやら自分たちの国を独立国と思い込んでいるようだからだ。まさに、〝美しき誤解〟である。

これは、『東京新聞』の記事を読めば、そうとしか解釈できない。なぜなら、《米国から具体的な要求を受けた時、主体的に判断できるのか》という主張は、日本が独立していることを前提としているからだ。独立していないのなら、はなから主体的に判断などできないのだから、こんな主張はしないだろう。

いったいつ日本は独立国家になったのか？

なぜ、山本議員にしても、『東京新聞』の記者にしても、そして「SEALDs」のような若者たちまでも、日本の戦後史、もっと範囲を広げて明治以来の日本の近代史を知らないのだろうか？　いったいいつ、日本が独立国家になったと言えるのだろうか？

この疑問を突き詰めていくと、前記したように、政府が国会答弁などで嘘をつき続けてきたこととともに、もう一つ大きな問題に突き当たる。それは、日本の歴史教育もまた、国民に嘘を教え続けてきたということだ。

これは、次の第2章、3章で詳しく述べるが、たとえば、日本の歴史教科書は、SF平和条約を《これにより日本は独立国家としての主権を回復した》(『詳説日本史【改訂版】』山川出版社、1999)としている。しかし、これは明らかな嘘である。日本は主権を回復していない。すなわち、独立していないのである。

つまり、このようなそもそもの前提が間違っているのだから、左派と右派の間で議論が嚙み合うわけがない。

左派=護憲派は、政府を「アメリカの言いなりになるな」と批判し、政府に独立国家として行動することを求めている。そうならば、アメリカの日本占領政策の実行を目的とした現憲法は、じつは日本の独立を認めていないので、即座に破棄しなければならない。左派は護憲でなく、自主憲法制定を主張しなければ辻褄《つじつま》が合わない。日本を本当に独立国家にしたいなら、憲法はもちろん、SF平和条約までも改正することを主張しなければならない。

さらに、日本の国際社会における行動を縛っている国際連合の「敵国条項」(Enemy Clauses：国連憲章第53条、第77条、第107条)も改正を要求しなければならない。

敵国条項とは、国連加盟国ならどの国も、かつての敵国から侵略的もしくは敵対的行動を取られたと見なせば、いつでも軍事的強制行動を取ることができるというものだ。

中国はいつでも日本に戦争を仕掛けられる

実際のところ、敵国に該当する国の名前は、国連憲章には書かれていない。ただし、定義としては、

「第二次世界大戦中にこの憲章のいずれかの署名国の敵だった国」（第53条2項）が、これにあたる。つまり、「枢軸国《すうじくこく》」（Axis Powers：アクシス・パワーズ）ということになる。となると、それは、日本、ドイツ、イタリア、ハンガリー、ルーマニア、フィンランド、ブルガリアの7カ国である。しかし、日本とドイツ以外の5カ国は大戦中に枢軸国側から離脱し、枢軸国側に対して宣戦布告を行ったので対象から外れる。つまり、日本とドイツのみが国際連合の定義上の敵国なのだ。

それでは、敵国条項とは具体的になにを述べているのだろうか？　要約してみると、次のようになる。

《国連加盟国はいかなる戦争に関しても、それをするには安全保障理事会の許可が必要である。しかし、例外的に、〝連合国の敵国〟が侵略政策の再現を企てたと想定された場合は、これを事前に防止するという意味で、国連決議に拘束されずに戦争をしてもかまわない。》

つまり、日本が「戦争をやろうとしている」と、連合国のどこかが判断したら、その国は日本と戦争できることになる。このことをもっと具体的に言うと、たとえば中国は日本に戦争を仕掛けられるが、日本はできないということになる。それればかりか、自衛のために戦闘的な態度を取っただけで、先制攻撃されかねないということになる。

となると、憲法改正で自衛隊を軍と認める、日米安保を破棄するなどといったことでも、中国から見れば尖閣諸島を武力で奪う口実になりえてしまうのである。こんな条項が生きていては、たとえ自主憲法を制定できたとしても、日本は独立国家にはなれないだろう。

いずれにしても、日本は独立国家とはとても呼べないのだ。

ただし、この章の冒頭に書いたように、世界のほとんどの国は独立国家ではない。真の独立国家とは、すべてのことを自分の意思で決められる国のことだ。どこの国からも侵《おか》されない「主権」(sovereignty：ソブランティ)を確立している国のことである。

覇権国の干渉を受けるか、あるいはその庇護の下《もと》にある限り、その国は属国である。そう見れば、世界のほとんどの国はアメリカの属国である。英国だろうとドイツだろうと、アメリカの力なくしては、自国の平和と安全を保てないのだから属国となる。

ただし、日本の場合、第二次世界大戦の敗戦国だということがいまだに尾を引いていて、属国のなかでも、かなり特殊なポジションにある。

第2章
日本国憲法成立の深層

戦争終結のためにできたのが「国際法」

安倍首相は、中国が南シナ海で行っている人工島による領土拡張政策に関して、ことあるごとに「国際法による法の支配が貫徹されなければならない」と述べ、「国際法」(international law)による秩序ある世界を訴えてきた。

しかし、今日までの歴史において、国際法というものが完全に守られたことなどほとんどない。事実、中国は2016年(平成28年)7月12日、オランダのハーグにある常設仲裁裁判所が下した判断を「ただの紙切れ」として、受け入れない方針を表明した。この国は、西洋文明が培《つちか》ってきた法の概念を取り入れる気はないのだ。よって、彼らの行動を「法」(law)によって規制することは無理である。

とはいえ、国際法が今日の世界の秩序と平和をつくり出してきたのは間違いなく、国際法の規定によって多くの国の行動が制限されてきた。

では、「国際法」とはそもそもなんだろうか?

世界史のテキストによれば、その起源は1648年の「ウェストファリア条約」(Peace of Westphalia)にまでさかのぼるという。

ウェストファリア条約とは、ドイツのキリスト教新旧両派の宗教内乱から、ヨーロッパ各国が介入して欧州全域に拡大した「30年戦争」(1618~48年)を終結させるために結ばれた条約である。この戦争は悲惨を極め、最終的にはプロテスタント同士、カトリック同士までもが殺しあう泥沼の戦争となり、オスマン帝国まで口を挟んだ。終戦条件を決めるために、神聖ローマ皇帝、ドイツ、フランス、スウェーデン、スペイン、オランダなどの代表が集まり、なんと延々3年間も討議が続いた。結果的にドイツでカルバン派が承認され、ドイツの分裂が決定的になり、フランスとスウェーデンの領土が拡大し、スイス、オランダの独立が承認された、という条約である。

このウェストファリア条約から言えることは、国際法とはそもそも戦争終結のための「平和条約」(peace treaty：講和条約)であり、それを締結するのは「主権」(sovereignty：ソブランティ)を持つ国家同士であるということだ。この国家というのは、のちに近代を構成する「国民国家」(nation state：ネイション・ステート)群となり、現代まで続いている。つまり、21世紀に生きる私たちは、いまだにこのウェストファリア体制のパラダイムの下にある。

このように、国際法は戦争を終結させるためにできたもので、戦争とは平和条約の締結・発効によって終わることになっている。

それでは、これを日本が行った最後の戦争(大東亜《だいとうあ》戦争・太平洋戦争＝第二次世界大戦)に当てはめるとどうなるだろうか？

日本が「連合国《ユナイテッド・ネイションズ》」(United Nations)に降伏したのは１９４５年(昭和20年)8月15日のことで、この日を「終戦記念日」としているが、これは大日本帝國による終戦宣言にすぎない。実際の降伏文書の調印は9月2日であり、これも「戦うのを止める」(戦闘終結)ということにすぎない。日本の戦争が本当に終わったのは、公式には１９５２年(昭和27年)4月28日の「サンフランシスコ平和条約」(San Francisco Peace Treaty、以下ＳＦ平和条約と表記)の発効をもってとなる。

では、この平和条約発効をもって、日本は再び独立国家に戻れたのだろうか？

日本の歴史教科書の記述は間違いなのか？

日本人のほとんどが、ＳＦ平和条約の発効によって日本は再独立をはたしたと思っている。アメリカの占領が終わり、日本人自身の手で「国政」（国内統治）を行うことができるようになったと思っている。

しかし、それは単なる思い込みであり、この思い込みを植え付けたのは、日本の歴史教科書に他ならない。

「はじめに」でも少々触れたが、歴史教科書は、ＳＦ平和条約に関して、次のように記述している。

《１９５１（昭和26）年9月、サンフランシスコで講和会議が開かれ、わが国とアメリカを中心とする48カ国との間に**サンフランシスコ平和条約**が調印された❶。翌年4月条約が発効して7年におよんだ占領を終結し、日本は独立国家としての主権を回復した。この条約は、交戦国に対する日本の損害賠償責任をいちじるしく軽減したが❷、領土については限定を加え、朝鮮の独立、台湾・南樺太《からふと》・千島《ちしま》列島などの放棄が定められ、沖縄《おきなわ》・小笠原《おがさわら》諸島はアメリカの施政権下におかれた❸。

平和条約の調印と同じ日、**日米安全保障条約**（安保条約）が調印され、独立後も日本に米軍が「極東の平和と安全」のために駐留をつづけ、日本の防衛に「寄与」することとされた❹。この条約にもとづいて、翌１９５２（昭和27）年2月には**日米行政協定**が結ばれ、日本は米軍に基地（施設・区域）

を提供し、駐留軍経費を分担することになった。

❶ソ連などは講和会議に出席したが調印せず、インド、ビルマ（現ミャンマー）は条約への不満から出席しなかった。主要交戦国であった中国については、中華人民共和国・中華民国（台湾）のどちらもまねかれなかった。そののち、日本は１９５２（昭和27）年４月、中華民国と日華平和条約を結び、同年６月インド、１９５４年ビルマとも、それぞれ平和条約を結んだ。
❷多くの国が賠償請求権を放棄したが、日本はフィリピン・インドネシア・ビルマ・南ヴェトナムとは賠償協定を結んで、賠償金を支払った。支払総額は約10億ドルで、１９７６（昭和51）年に完了した。
❸奄美《あまみ》諸島は１９５３（昭和28）年に日本に返還された。
❹日本の要請に反して、アメリカは日本防衛義務の明示には同意しなかった。》

（『詳説日本史【改訂版】』山川出版社、１９９９）

この記述は、おそらくどこも間違っていない。ただし、肝心なことが書かれていない。それは、この条約には日本語の正文がないことであり、なおかつ、回復された主権が限定的なものであったということだ。

ＳＦ平和条約の最後の条文である第27条は、次のようになっている（カッコ内は日本語翻訳、外務省文書、以下同）。

《Article 27
The present Treaty shall be deposited in the archives of the Government of the United States of America which shall furnish each signatory State with a certified copy thereof.
（第二十七条　この条約は、アメリカ合衆国政府の記録に寄託する。同政府は、その認証謄本《とうほん》を各署名国に交付する。）

《IN FAITH WHERE OF the undersigned
Plenipotentiaries have signed the present Treaty.》
（以上の証拠として、下名の全権委員は、この条約に署名した。）

《DONE at the city of San Francisco this eighth day of September 1951, in the English, French, and Spanish languages, all being equally authentic, and in the Japanese language.》
（１９５１年９月８日にサンフランシスコ市で、ひとしく正文である英語、フランス語及びスペイン語により、並びに日本語により作成した。）

ここから言えるのは、この条約がアメリカ主導の下に署名されたこと。そして、条文は、英語、フランス語、スペイン語の3言語が正文で、付け足しで日本語版もつくったということだ。つまり、条約として有効なのは、英語、フランス語、スペイン語の文章のみであり、日本語文は参考文書にすぎない。日本語文があるとしても、そしてそこになにが書かれていようと、それはほぼなんの意味もないということである。このことは、極めて重要なことだ。

回復されたのは「主権」ではなく「自治権」

この問題を最近になって的確に指摘したのは、認知科学者の苫米地《とまべち》英人《ひでと》氏で、苫米地氏は著書『「日本」を捨てよ』（ＰＨＰ新書、２０１２）で、次のように述べている。

《サンフランシスコ講和条約は日本の独立を認めてはいなかった。いきなり何を言い出すのかと思われるでしょうが、簡単に説明します。連合国が日本の独立を認めたとされる講和条約の第１条(b)を見てみると、その原文はこうなっています。

The Allied Powers recognize the full sovereignty of the Japanese people over Japan and its territorial waters.

日本語訳では、「連合国は、日本国及びその領水に対する日本国民の完全な主権を承認する」となっているので、当然ながら「日本国」や「日本国民」の存在を前提にして書かれていると思うはずです。しかし原文を注意深く読んでください。

「Japanese people」のところで、「people」を小文字で表記してあるのがわかりますか。英語では、国民を表す場合には「People」と大文字で記して始まるはずですが、そうはなっていません。この箇所の本来の意味は単なる「日本の人々」であり、「日本国」や「日本国民」の意味ではないのです。

ですから日本語訳もそのように訳されるべきだったのです。

また「完全な主権」という翻訳も曲者《くせもの》です。なぜなら条約の第2条以降に、日本の対外主権、つまり国としての独立性を制限する規定が幾つもあるからです。たとえば国際紛争解決の手段として、武力を用いることを禁じた第5条(a)がそれです。ふつうならば独立国であれば当然、認められるべき権利のはずが、実際には制約されていることを考え合わせると、「full sovereignty」の「sovereignty」（主権）とは、対外主権のことではないと解釈しなければ矛盾が生じます。

つまりここでは、「日本の統治権は軍部でもなければ天皇でもなく、日本の人々、人民が100％持っているのだ」という意味で、「full sovereignty 」と言っているわけです。この「sovereignty」という言葉は、アメリカでは、国ではなく各州の自治権を表す言葉としても使われているので、それに近い意味に捉えるのが妥当でしょう。したがって、先ほどの第1条(b)を正確に和訳すると、こうなります。

「連合国は、日本の人民による日本と、その領海の十分なる自治を認める」

いかがでしょうか。日本国の独立も、日本国民の主権もどこかに行ってしまいました。これは現在も有効な国際条約ですから、私たちは日本国民ではありません。私たちは「日本自治区」で生活する日本人なのです。

サンフランシスコ講和条約に署名した吉田茂《よしだしげる》主席全権大使をはじめとする、日本の代表たちが、条約の本来の意味に気づいていなかったはずがありません。会議には宮澤喜一氏など、英語の達人も随行していたのですから。そして実際に、吉田茂首相は条約署名後のスピーチでこう語っていま

SF 平和条約に署名する吉田茂首相と日本全権団（1951 年 9 月 8 日、SF 市内のオペラハウスで）出典：Donated by Corbis-Bettmann, ABOUT JAPAN, JAPAN SOCIETY

す。

It will restore the Japanese people to full sovereignty, equality, and freedom, and reinstate us as a free and equal member in the community of nations.

「これにより日本の人々が主権を十分に取り戻し、平等と平和を回復するものであり、私たちを世界の民族のコミュニティに自由で平等な一員としてふたたび参加させるものである」

これは明らかに、日本の人民が軍部から主権を取り戻したという趣旨です。条約の本来の意味をよく理解したうえでのスピーチであることは明白です。にもかかわらず、日本国民に伝えられたのは、先ほどの「誤訳」でした。

このようにして、連合国の占領から日本国が独立を取り戻したのだ、という「優しい嘘」を、日本人は吹き込まれたのです。》

写真が示すように、吉田茂首相は日本全権団を背に「英文」のSF平和条約に署名した。そして、翌日の『朝日新聞』は一面で、「主権は完全回復、日本国との平和条約」というタイトルで、SF平和条約の内容を紹介した。しかし、その見出しは間違っており、はっきり言えば「誤報」であった。

日本国憲法でもピープルは小文字になっている

それではここで、苫米地氏が指摘した、「Japanese people」が小文字で表記してあることに関して補足してみたい。というのは、日本国憲法でも、私たち日本人は同じように小文字で表されているからだ。このことは、憲法を論じるうえでは極めて重要なことであるのに、今日まで指摘した者はいない。また、憲法がそもそもは英文であることも、SF平和条約の正文が英文であることと同じくらい大きな意味を持つのに、これを正面から指摘した者はいない。

憲法にはSF平和条約と違って、「日本語正文がある。したがって、私たちが憲法と言うとき、それは日本語の憲法のことを指す。これは、憲法法案が国会で承認されたとき、英文からの訳文（日本語文）が使われたからだ。

しかし、いくら、英文憲法が日本語に訳され、それが国会で承認されて正文になったとはいえ、訳文に使われている言葉の意味が英語の意味と乖離《かいり》していることは否《いな》めない。その典型例が「people」と言えるだろう。

日本国憲法は、次のような「前文」で、いきなり「私たち日本人は」という一人称表記で始まる。

以下、英語の前文を掲載する（カッコ内は日本語文）。

《We, the Japanese people, acting through our duly elected representatives in the National Diet, determined that we shall secure for ourselves and our posterity the fruits of peaceful cooperation with all nations and the blessings of liberty throughout this land, and resolved that never again shall we be visited with the horrors of war through the action of government, do proclaim that sovereign power resides with the people and do firmly establish this Constitution.》

（日本国民は、正当に選挙された国会における代表者を通じて行動し、われらとわれらの子孫のために、諸国民との協和による成果と、わが国全土にわたつて自由のもたらす恵沢《けいたく》を確保し、政府の行為によつて再び戦争の惨禍《さんか》が起ることのないやうにすることを決意し、ここに主権が国民に存することを宣言し、この憲法を確定する。）

この「We, the Japanese people」という、いきなり一人称で宣言するパターンは、じつは「アメリカ合衆国憲法」（United States Constitution）とまったく同じである。アメリカ憲法は次のように始まっている。

《We the People of the United States, in Order to form a more perfect Union, establish Justice, insure domestic Tranquility, provide for the common defence, promote the general Welfare, and secure the Blessings of Liberty to ourselves and our Posterity, do ordain and establish this Constitution for the United States of America.》

（われら合衆国の国民は、より完全な連邦を形成し、正義を樹立し、国内の平穏を保障し、共同の防衛に備え、一般の福祉を増進し、われらとわれらの子孫のために自由の恵沢を確保する目的をもって、ここにアメリカ合衆国のためにこの憲法を制定し、確定する。）

もうおわかりだろうが、アメリカ憲法では「We the People of the United States」と「People」が大文字になっているのに、日本国憲法では小文字のままである。つまり、これは「私たち日本国民」が憲法をつくったのではないことを如実に物語っている。

ＳＦ平和条約で苫米地氏が指摘したように、この「We」は単なる「日本の人々」であり、「日本国」や「日本国民」ではない。しかも、「We」「the Japanese people」の間に「,」（コンマ）を打ってある。これは同格のコンマで、わざわざ「We 」と「the Japanese people 」がイコールの関係にあることを示している。

ところが、マッカーサー草案では、《We, the Japanese People acting through our duly elected representatives in the national diet,》（我等日本国人民ハ、国民議会ニ於ケル正当ニ選挙セラレタル我等ノ代表者ヲ通シテ行動シ：外務省訳）と、当初「People」は大文字になっていた。

それがなぜ小文字になったのかは、よくわからない。検証できる資料がない。ただ、誰かが指摘して、小文字に変えたのは間違いないだろう。

平和条約でも日本国憲法でも「戦争放棄」

日本国憲法の草案は、当時の日本政府が出してきた草案が単に明治憲法の焼き直しにすぎなかったため、連合国軍最高司令官ダグラス・マッカーサーがGHQ民政局に命じて、わずか9日間でつくらせた。この経緯は『日本国憲法を生んだ密室の九日間』（鈴木昭典、創元社、1995）に詳しいが、草案チームが下敷きにしたのが「アメリカ合衆国憲法」であった。

そして、草案チームがもっとも腐心《ふしん》したのが、「戦争放棄」に関する第9条の条文だったとされる。なぜなら、歴史上そのような条文を持った憲法は存在したことがなかったからだ。ところが、マッカーサーの書簡などを検証した最近の研究では、戦争放棄は幣原喜重郎《しではらきじゅうろう》首相が提案したものだったという驚くべき説が出ている。この説に左派は喜び、「憲法はアメリカのお仕着せではなかった」と、護憲をますます主張するようになった。

しかし、幣原は天皇の命を守るためには自身が「狂人」となって戦争放棄を言えば、マッカーサーが許してくれるだろうと考えた、とする説もある。とすれば、この首相はGHQに媚《こ》び、日本の主権を売り渡すという、とんでもないことをしたことになるが、実際は敗戦国の首相が占領国に逆らえるわけがない。幣原による第9条提案説は、マッカーサーがついた嘘と考えるのが自然だろう。

SF平和条約調印時には、すでに朝鮮戦争が勃発しており、マッカーサーは日本に対する占領政策を180度転換し、日本に再軍備（警察予備隊の創設）をさせ、第9条を事実上放棄させていた。この矛盾を日本側に押し付けるために嘘をついたのだろう。

では、日本国憲法の戦争放棄条文とされる第9条の英文は、実際のところ、どうなっているのだろうか？

《Article 9
　Aspiring sincerely to an international peace based on justice and order, the Japanese people forever renounce war as a sovereign right of the nation and the threat or use of force as means of settling international disputes.
　In order to accomplish the aim of the preceding paragraph, land, sea, and air forces, as well as other war potential, will never be maintained. The right of belligerency of the state will not be recognized.》
（第9条　日本国民は、正義と秩序を基調とする国際平和を誠実に希求し、国権の発動たる戦争と、武力による威嚇《いかく》又は武力の行使は、国際紛争を解決する手段としては、永久にこれを放棄する。
　前項の目的を達するため、陸海空軍その他の戦力は、これを保持しない。国の交戦権は、これを認めない。）

ここで注目しなければならないのは、「陸海空軍その他の戦力は、これを保持しない」であり、日本語文の「陸海空軍」(land, sea, and air forces) はいいとして、その次にくる「as well as other war potential」である。これを日本語では単に「その他の戦力」としているが、はたしてそうだろうか？

potential（ポテンシャル）は日本語にもなっているように、「潜在能力」のことである。とすると、これは単なる戦力ではなく、戦争を遂行するために必要なあらゆる能力となり、それは単なる軍隊、武器ではなく、それを生産する能力まで「保持しない」となるのが、常識的な解釈となる。

つまり、日本国憲法は日本が独立した国家であることを、「日本の人々」自身が放棄するという文脈で書かれているのだ。独立した国家であるということは、独立国であれば当然認められるべき権利、つまり「自衛権」（defense right）がある。しかし、日本はこれすら持たないと英文からは解釈できる。自衛権とは、国家を侵害する者を「武力」（force）を持って排除できるという国際法上の権利である。

現在の日本政府は、「個別的自衛権」も「集団的自衛権」も両方持っているとしているが、これは憲法をまともに解釈すればありえないことだ。したがって、日本の左派は憲法解釈に固執《こしつ》し、「違憲」という言葉を金科玉条《きんかぎょくじょう》として右派を批判してきた。しかし、憲法学者が解釈論にこだわり、左派が護憲に固執すればするほど、有事の際に日本国は滅亡してしまうことになる。

先述したように、苫米地氏はSF平和条約で日本に与えられた主権をアメリカ各州が持つ自治権のようなものとしているが、アメリカ各州は州兵で組織された軍事力を持っている。つまり、日本はアメリカの州以下となる。

「ポツダム宣言」受諾は無条件降伏ではない

憲法作成のプロセスに追っていくと、日本のアメリカの属国というポジションが、このプロセスのなかで決定づけられたことがよくわかる。その起源は、「ポツダム宣言」（Potsdam Declaration）にある。日本の降伏を決めたポツダム宣言の受諾を、『詳説日本史』は、次のように記述している。

《3国（米英ソ）は（1945年）7月には、ベルリン郊外でポツダム会談を行い、その機会にアメリカは対日政策をイギリスに提案し、中国を加えて3国の名で、日本の戦後処理方針と日本軍隊の無条件降伏を勧告するポツダム宣言を発表した。（中略）こうした情勢（原爆投下、ソ連参戦）のもとで、政府と軍首脳部は御前《ごぜん》会議で、昭和天皇の裁断によりポツダム宣言の受諾を決定し、政府は（8月）14日にこれを連合国側に通告した。》

これを読むと、日本がまるで「無条件降伏」したように読めるが、実際は、日本政府は「主権者」（sovereign ruler）としての天皇の特権を損なわないことを連合国側に、何度も確認している。これに対して8月12日に来たアメリカからの回答は、以下のようなものだった。次は、こうした経緯を詳しく分析している『日本国憲法はどう生まれたか？　原典から読み解く日米交渉の舞台裏』（青木高夫、ディスカヴァー携書、２０１３）の一節だ。

《From the moment of surrender the authority of the Emperor--shall be the subject to the Supreme Commander of the Allied Powers-----

降伏の瞬間から、天皇の権威は連合国最高司令長官に「shall be subject to」とあるのですが、この解釈で日本側がまた混乱します。受諾に前向きな外務省は「制限の下に置かれる」、抵抗を続けたい陸軍は「隷属《れいぞく》する」と訳しました。今日の辞書で調べれば「帰属する」とか「監視下に置かれる」となります。》

このように、当時の日本の中枢部《ちゅうすう》は、英文の解釈をめぐって混乱していた。しかし、最終的に降伏しても「天皇制は維持できる」と解釈し、ポツダム宣言の受諾を決めた。つまり、無条件降伏ではないのである。

マッカーサーも、開戦時に駐日大使だったジョセフ・グルーなどの提言から、天皇制をなくしてしまっては日本統治が難しいと考えていた。だから、あいまいな回答しかしなかった。もし、無条件としていたら、日本は天皇の命を守るため、降伏しなかったかもしれない。

いずれにせよ、ポツダム宣言受諾による日本の降伏の仕方は、天皇が連合国最高司令長官の「監視下に置かれる」ということで、国家としての主権を喪失したことになる。

天皇制というのは日本の「国体」（国のかたち）である。それがアメリカ（連合国）に「帰属する」ことになったのだから、ここが属国日本のスタートと言えるのだ。

属国を世界に発信した「昭和天皇・マッカーサー写真」

マッカーサーが日本を統治することになって、すぐ手をつけなければならないとしたのが、新憲法の制定だった。その理由は主に二つある。

天皇・マッカーサー会談写真：翌日の新聞は「不敬にあたる」として掲載を拒否したが、GHQ 命令で翌々日の 29 日にいっせいに掲載された。出典：U.S. Army photographer Lt. Gaetano Faillace - United States Army photograph

一つは、憲法は国家の根本ルールだから、それによって日本をつくりかえる。すなわち、日本を民主国家にして、二度とアメリカと戦争できない国（すなわち「平和国家」）にするためには、新憲法が必要だったからだ。

もう一つは、新憲法による日本の占領政策を確定させることによって、ソ連やそのほかの連合国に口を出せないようにすることだった。実際、アメリカの世論も、過半数が天皇の責任追及を求めており、１９４５年（昭和20年）９月10日には上院が「天皇を戦争裁判にかけよ」と決議していた。アメリカでさえこうだから、ソ連やイギリスはもっと強行だった。つまり、天皇を処刑しなければならない情勢にあったので、新憲法によって天皇制を維持する必要があった。

当初、マッカーサーがこの辺のところをどう考えたかはわからない。しかし、少なくとも９月27日をもって、天皇を擁護《ようご》することを決定したのは確かである。

9月27日というのは、昭和天皇がマッカーサーを初めて訪ね、会談した日である。このときの写真は、日本の歴史にとって極めて重要な写真であるにもかかわらず、ほとんどの歴史教科書に載っていない。また、その意義を正確に記述していない。腰に手をやって堂々と構える、開襟シャツにノーネクタイ姿のマッカーサー。その隣に、モーニング姿で直立不動の昭和天皇。誰が見ても、この写真のメッセージは明確だ。天皇の上にマッカーサーがいる、天皇よりマッカーサーのほうが偉いということだ。つまり、日本国はマッカーサーに象徴される連合国（アメリカ）が統治するということを、この写真は全国民、いや世界中に知らしめたのである。

それまでの日本の歴史では、天皇は最高権力者であり、その上に立つ権力者は存在しなかった。しかし、敗戦は歴史を変えてしまった。史上初めて天皇の上に立つ権力者が出現し、その後、天皇は「象徴」（日本国統合のシンボル）となったものの、この構図はいまもなお続いている。

つまり、日本のアメリカの属国としてのポジションは、この一枚の写真が撮られたとき、決定的なものとなったのである。

現在、定説化しているエピソードでは、この会談時、天皇は「敗戦の全責任を負う」と率直に述べ、その潔く、「命乞《いのちご》い」をしない態度にマッカーサーは感激したとされる。そのため、マッカーサーは即座に天皇擁護を決めた。そして、日本占領中、その姿勢は一貫していた。

同じ敗戦国ドイツとは決定的に違う日本の戦後

マッカーサーは、『マッカーサー回想記』（津島一夫訳、朝日新聞社、１９６４）で、当時のことを次のように書いている。

《私は大きい感動にゆすぶられた。死をともなうほどの責任、それも私の知り尽している諸事実に照らして、明らかに天皇に帰すべきではない責任を引受けようとする、この勇気に満ちた態度は、私の骨のズイまでもゆり動かした。私はその瞬間、私の前にいる天皇が、個人の資格においても日本の最上の紳士であることを感じとったのである。》

これが本当かどうかは、いまとなってはわからない。なにより、GHQ側に記録はないうえ、マッカーサーも天皇も会見内容を秘密としたからだ。この会談に日本側から参加し、天皇のお供をしたのは、石渡荘太郎《いしわたりそうたろう》宮内大臣、藤田尚徳《ふじたひさのり》侍従長、筧素彦《かけいもとひこ》行幸主務官、通訳の奥村勝蔵《おくむらかつぞう》外務省参事官など6名だったが、同席したのは奥村参事官のみ。奥村参事官はその後いっさい証言していない。

会談から10年たって、渡米した重光葵《しげみつまもる》外相がマッカーサーを訪ね、マッカーサー自身からこの話を聞いて、読売新聞（1955年9月14日）に寄稿している。

マッカーサーと昭和天皇は、この会談を含めて計11回会ったが、そのすべてに公式記録が残されていない。

ただし、最近では第8回から11回の通訳をした松井明《まついあきら》氏が書き残した「天皇の通訳」（400字詰め246枚）などにより、違った側面からの研究も行われている。

たとえば、『昭和天皇・マッカーサー会見』（豊下楢彦《とよしたならひこ》、岩波現代文庫、2008）では、マッカーサーと昭和天皇が、戦後の冷戦という世界情勢のなかで力を合わせて内政、外交にあたったとしている。つまり、戦犯訴追を免れるために、

《「すべての責任を東条にしょっかぶせるがよい」という基本路線にたって〝日米合作〟で切り抜け、その後の共産主義の脅威に対しては、沖縄の米軍支配と安保条約による日本の防衛という体制を築きあげるために、昭和天皇は全力を傾注したのである。》

というのである。

このような解釈が妥当であるかどうかはともかく、日本の属国という位置は、天皇とマッカーサーの会談で「必然的」かつ「運命的」に決まったと言っていい。

この点で、日本の戦後は同じ敗戦国ドイツとは決定的に違っている。まず、日本の占領は事実上、アメリカによる単独占領であったが、ドイツは米英仏ソ４カ国による分割占領だった。さらに、ドイツでは戦争を主導したナチスは崩壊し、ヒトラーはすでにこの世にいなかった。したがって、日本のような間接統治とはならず、直接統治となったのである。

その結果、ドイツの新憲法（国家基本法）の制定は１９４９年まで待たねばならず、ドイツ人自身が制定したと言っていい。だから、再軍備は日本のようにタブーにならず、ＮＡＴＯ（北大西洋条約機構）の一員としての責任をはたすという名目で達成された。その結果、ドイツは正規軍を復活させただけでなく、国民への徴兵まで憲法で位置づけることになった。

新憲法の基礎となった天皇の「人間宣言」

さらに戦後の憲法制定のプロセスを現代の視点から見ていくと、憲法そのものよりも、1946年1月1日の天皇の「人間宣言」のほうが、日本の国体を考えるうえではるかに重要なことがわかる。

それなのに、またしても歴史の教科書はほとんど触れていない。『山川日本史』では「占領と戦後処理」という項目のなかに、《1946（昭和21）年1月に、昭和天皇は人間宣言を行って、「現御神」（あきつみかみ）としての天皇の神格をみずから否定した。》と、たった一行書かれているだけだ。

これでは、この日（元旦《がんたん》）になにがあったのか？　そして、「神格をみずから否定」ということがどういうことなのか、まったくわからないと言っていい。

昭和天皇は、この日、詔書《しょうしょ》を発表した。これを「人間宣言」と言ったのはメディアであり、しかも大きく取り上げたのは、日本の新聞ではなくアメリカの新聞だった。NYT（ニューヨーク・タイムズ）は「天皇は、詔書によって日本史上の偉大な改革者の一人となり、日本を真の立憲政治国に転換する政治改革への道をひらいた」と大きく伝えた。

詔書というのは「詔《みことのり》」のことで、天皇の命令を直接伝える文書のことである。だから、その内容は敗戦まで「天皇の臣民《しんみん》」だった日本国民にとっては最重要の事柄なのに、当時の日本の新聞は、その意義を認識できなかった。

もっとも、人間宣言と言われる部分は最後の数行のみで、そこでは天皇が神の末裔《まつえい》であることを明確に否定してはいなかった。以下、「人間宣言」と言われる部分である。

《朕《ちん》ト爾等《なんじら》国民トノ間ノ紐帯《ちゅうたい》ハ、終始相互ノ信頼ト敬愛トニ依《よ》リテ結バレ、単ナル神話ト伝説トニ依リテ生《しょう》ゼルモノニ非《あら》ズ。天皇ヲ以《もっ》テ現御神トシ、且《かつ》日本国民ヲ以テ他ノ民族ニ優越セル民族ニシテ、延《ひい》テ世界ヲ支配スベキ運命ヲ有ストノ架空ナル観念ニ基《もとず》クモノニモ非《あら》ズ》

（現代語訳：私とあなたたち国民との間の絆は、いつもお互いの信頼と敬愛によって結ばれ、単なる神話と伝説とによって生まれたものではありません。天皇を現御神とし、また日本国民はほかの民族より優れた民族だとし、それで世界の支配者となる運命があるかのような架空の観念に基くものでもありません）

しかし、この詔書は、ＳＦ平和条約、憲法と同じく、英文が正文である。なぜなら、日米の共同作業により文案ができあがり、その英文をマッカーサーが承諾したからだ。

当時、ＧＨＱは天皇を神格化した「神国思想」を破棄させようと考えており、これに同意した天皇は、自ら自分の神格を否定することを望んだ。この天皇の意向は12月はじめにＧＨＱに伝えられ、そこから日米の作業が始まった。

『評伝　吉田茂（下）』（猪木正道、読売新聞社、１９８１）によると、前田多門《まえだたもん》文部大臣の文案を幣原喜重郎首相は気に入らず、自ら英文で書く決心をして、《多摩川の私邸で、夜ふけまで英文の推敲《すいこう》を加えた。英文には自信を持っていただけに、古文体ながら凝《こ》ったものができた。》という。

この幣原案が日本語に訳され、この後に触れるが、天皇が自ら入れて欲しいと望んだ「五箇条ノ御誓文」が付け加えられたりした後、再び英文となって大晦日《おおみそか》にマッカーサーのもとに届けられた。

マッカーサーは、これを大いに気に入り、元旦の発表となったのである。

もし、この天皇の詔書（人間宣言）がなかったら、憲法における「象徴天皇制」が確立されていたかどうか？

日本国憲法の第1章が「天皇」であり、その第1条が、

《（天皇の地位、国民主権）天皇は、日本国の象徴であり日本国民統合の象徴であって、この地位は、主権の存する日本国民の総意に基く。》

となっているのは、人間宣言を受けてのことである。

マッカーサーが人間宣言と憲法を急いだ理由

それではなぜ、ＧＨＱは、一カ月もかけない、異例のスピードで天皇に「人間宣言」をさせたのだろうか？　また、この人間宣言を受けて異例の速さで憲法草案がつくられたのだろうか？

それは、「極東委員会」（ＦＥＣ：Far Eastern Committee）の存在があったからだ。極東委員会は日本を占領・管理するためにつくられた連合国の機関で、その出先機関としての「対日理事会」（ＡＣＪ：Allied Council for Japan）を東京に設置することが進められていた。当然だが、極東委員会はＧＨＱの上部機関となる。

つまり、日本の新憲法をつくるには、極東委員会での協議と承認が必要となる。これをマッカーサーは嫌った。極東委員会のなかでソ連はとくに、天皇の戦犯訴追を主張していたからである。

1945年（昭和20年）12月25日、そのソ連のモスクワで米英ソ三国外相会議が開かれ、極東委員会の参加国と対日理事会の設置が決まり、1946年（昭和21年）2月に、委員会のメンバーが東京を訪れるスケジュールが組まれた。

つまり、極東委員会がまとまらないうちに、マッカーサーは新憲法をつくる必要があり、そのために、天皇に人間宣言を急がせたのである。ソ連はもちろん、英国やオーストラリアも天皇の神格化が戦争原因の一つと考えていて、訴追するかどうかは別として、天皇制の廃止を望んでいた。

したがって、異例のスピードで新憲法ができなければ、天皇制が廃止されていた可能性もないとは言えないのだ。

英文では明確に「神である」ことを否定

2006年（平成18年）になって、当時、学習院事務官だった浅野長光氏の保管物から人間宣言詔書の草案やメモが見つかり、英文草案が明らかになった。英文草案は全文306語で、人間宣言の文言がどのようにつくられていったかが判明した。

天皇と国民の関係が「神話、伝説のみによるものではない」というような文言は、当初から用意されていたようだ。

いずれにせよ、人間宣言で大事なのは英文のほうであり、前記した《朕ト爾等国民トノ間ノ紐帯ハ》で始まる日本語部分は、次のような英文として示された。

《The ties between Us and Our people have always stood upon mutual trust and affection. They do not depend upon mere legends and myths. They are not predicated on the false conception that the Emperor is divine, and that the Japanese people are superior to other races and fated to rule the world.》

ここで、「Us」と「Our」が大文字になっているのは、天皇家という特定の人々を指しているからだ。ここまで見てきた小文字と大文字の関係と同じである。

しかし、ここでもっとも重要なのは、「the Emperor is divine」（天皇は神である）を「the false conception」（誤った考え）として、明確に否定したことだろう。

「divine」は、英語では「神」であり、形容詞では「神聖な」となる。ヨーロッパ中世では、王が持つ主権（統治権）は神から授かったものとする「王権神授説」（divine right of kings）に、この「divine」が使われている。

しかし、前記した日本語文（原文）では、こうした明確さが薄れている。そのため、天皇は人間宣言していないなどという言説が生まれている。

ただし、のちに昭和天皇自身が語ったところによれば、あの詔書は、人間宣言を主眼としたものではなかった。

昭和天皇は、１９７７年（昭和52年）８月23日の記者会見で、詔書にはＧＨＱの草案があったことについて質問され、「いま、批判的な意見を述べる時期ではないと思います」と言いつつも、詔書のはじめに五箇条の御誓文が引用されたことについては、以下のように答えている。

「それ（五箇条ノ御誓文を引用すること）が、じつは、あの詔書の一番の目的であって、神格とかそういうことは二の問題でした。当時はアメリカその他諸外国の勢力が強く、日本が圧倒される心配があったので、民主主義を採用されたのは明治天皇であって、日本の民主主義はけっして輸入のものではないということを示す必要があった。日本の国民が誇りを忘れては非常に具合が悪いと思って、誇りを忘れさせないためにあの宣言を考えたのです。

はじめの案では、五箇條ノ御誓文は日本人ならだれでも知っているので、あんまり詳しく入れる必要はないと思ったが、幣原総理を通じてマッカーサー元帥《げんすい》に示したところ、マ元帥が非常に称賛され、全文を発表してもらいたいと希望されたので、国民及び外国に示すことにしました」

「五箇条ノ御誓文」こそが日本の基本法

ＧＨＱによる新憲法作成の指示は、１９４５年10月４日に出された。これを受けたのは東久邇宮《ひがしくにのみや》内閣で、直接は国務大臣だった近衛文麿《このえふみまろ》が担当した。しかし、東久邇宮内閣はわずか54日で総辞職し、幣原内閣が引き継いだ。

こうした経緯を、もちろん昭和天皇は知っており、１９４６年の元旦詔書がなにを目的としたものかも理解していたので、自ら「神格の否定」を申し出たと思われる。

しかし、天皇が本当に国民に言いたかったことは、前記した会見で述べた「五箇條ノ御誓文」である。これが、日本の国体（国のかたち）の根本であり、そこに立ち返って日本は再出発すべきだ、と天皇は考えたと思われる。

それでは、詔書はどのように書かれているのか、その冒頭部分（「五箇條ノ御誓文」の部分）を次に示してみよう。

《茲《ここ》ニ新年ヲ迎フ。顧《かえり》ミレバ明治天皇明治ノ初国是《はじめこくぜ》トシテ五箇條ノ御誓文ヲ下シ給《たま》ヘリ。曰《いわ》ク、

一、広ク会議ヲ興《おこ》シ万機《ばんき》公論ニ決スヘシ

一、上下《じょうか》心ヲ一《いつ》ニシテ盛《さかん》ニ経綸《けいりん》ヲ行フヘシ

一、官武《かんぶ》一途《いっと》庶民《しょみん》ニ至ル迄各《おのおの》其《その》志《こころざし》ヲ遂《と》ケ人心ヲシテ倦《う》マサラシメンコトヲ要ス

一、旧来ノ陋習《ろうしゅう》ヲ破リ天地ノ公道ニ基《もとず》クヘシ

一、智識ヲ世界ニ求メ大《おおい》ニ皇基《こうき》ヲ振起《しんき》スヘシ

叡旨《えいし》公明正大、又何ヲカ加ヘン。朕《ちん》ハ茲ニ誓ヲ新《あらた》ニシテ国運ヲ開カント欲ス。須《すべか》ラク此ノ御趣旨ニ則リ、旧来ノ陋習ヲ去リ、民意ヲ暢達《ちょうたつ》シ、官民挙ゲテ平和主義ニ徹シ、教養豊カニ文化ヲ築キ、以《もっ》テ民生ノ向上ヲ図《はか》リ、新日本ヲ建設スベシ。》

（現代語訳：ここに新年を迎えます。かえりみれば、明治天皇は明治の初め、国是として五箇条の御誓文をお示しになられました。それによると、

一、幅広く会議を開き、なにごとも議論をして世論にしたがって決めなければならない

一、身分の高い者も低い者も心をひとつにして、積極的に国のあり方を考えていかなければなら

ない

一、中央政府も地方の領主も、庶民に至るまで、それぞれ志を遂げ、人々が生きていて幸せに感じることが重要である

一、古くからの悪しき習慣を打ち破り、人類普遍の正しい道に基づいていかなければならない

一、知識を世界に求め、大いにこの国の基盤となる力を高めなければならない

この考えは公明正大であり、付け加えなければならない事柄はなにもありません。私はここに誓いを新たにして、国の運命を開いていきたいと考えます。すなわち、この趣旨にのっとって、古くからの悪しき習慣を捨て、民意をのびのびと育て、官民を挙げて平和主義に徹し、教養を豊かにして文化を築き、そうして国民生活の向上を図り、新日本を建設するのです。）

どうであろうか？

もし、憲法を改正できるなら、第９条に自衛隊を明記するというような問題だけにとどまらず、日本的民主政治を初めて定義した「五箇条ノ御誓文」までさかのぼり、その精神を条文に生かすべきだろう。

第3章
サンフランシスコ平和条約による属国固定化

「日本の憲法はわれわれが書いた」は常識

ここで再びサンフランシスコ平和条約（以下、ＳＦ平和条約）に戻り、なぜ日本の独立が認められなかったのか？　なぜアメリカの属国としてのポジションが確定してしまったのか？　検証してみたい。

ＳＦ平和条約の第５条(a)の(i)(ii)は、日本国憲法と同じように、日本の武力放棄を規定している。この条文は、次のように、日本に国際紛争解決の手段として武力を用いることを禁じている。

《(i) to settle its international disputes by peaceful means in such a manner that international peace and security, and justice, are not endangered;》
（その国際紛争を、平和的手段によつて国際の平和及び安全並びに正義を危うくしないように解決すること。）

《(ii) to refrain in its international relations from the threat or use of force against the territorial integrity or political independence of any State or in any other manner inconsistent with the Purposes of the United Nations;》
（その国際関係において、武力による威嚇又は武力の行使は、いかなる国の領土保全又は政治的独立に対するものも、また、国際連合の目的と両立しない他のいかなる方法によるものも慎むこと。）

このように、SF平和条約は、表現は異なるが、日本国憲法が規定した「戦争放棄」をそのまま踏襲《とうしゅう》している。つまり、憲法と同じく、日本の完全な国家主権は認めてはいないのである。

それもそのはず、どちらもアメリカが英語で書いたからである。

２０１６年（平成28年）８月15日、ジョー・バイデン副大統領（当時）は、ペンシルベニア州スクラントンで行った民主党大統領候補ヒラリー・クリントン氏の応援演説のなかで、「日本国憲法は私たちが書いた」と発言した。これは、共和党の大統領候補ドナルド・トランプ氏を批判する際に飛び出したものだが、日本のメディアはこぞって取り上げ、いちように驚いてみせた。

たとえば、『読売新聞』（２０１６年8月16日付）は、《米政府高官が公の場で「我々が書いた」と表現するのは極めて異例だ》と書いた。

しかし、これはここまで述べてきたことを踏まえてみれば、驚くような話でもなければ、異例のことでもない。

なぜなら、バイデン副大統領は、次のように言ったからだ。

“Does he not realize we wrote the Japanese constitution so they could not own a nuclear weapon? Where was he in school? Someone who lacks this judgment cannot be trusted.”

（核兵器を持てないようにわれわれが日本の憲法を書いたことを、彼（トランプ氏）は知らないのではないか。彼は学校で習わなかったのか。判断力に欠けた人間は信用できない。）

この発言に一般の日本人が驚くとしたら、「彼は学校で習わなかったのか」という部分だろう。なぜなら、この言い方でわかるのは、日本国憲法をアメリカがつくったことをアメリカの学校では生徒に教えているからだ。

ということは、バイデン副大統領の発言は、アメリカ人の一般常識であり、これを突き詰めて言えば、「日本はアメリカの属国」ということをアメリカ人なら誰もが知っているということである。さらに、憲法第9条によって日本が武力はもちろん核兵器を持つことすらできないことも、アメリカ人なら誰もが知っているということだ。

憲法第9条の戦争放棄条項をもって、日本の左翼は日本国憲法を「平和憲法」と称している。しかし、この条項は、「はじめに」でも述べたように〝アメリカの平和〟のために書かれたのであって、〝日本の平和〟のために書かれたのではない。

アメリカでもっともポピュラーな歴史教科書とされる『The American Pageant』（ジ・アメリカン・ペイジェント）では、日本国憲法は〝A MacArthur-dictated Constitution〟（マッカーサーが口述筆記させた憲法）となっている。

じつは、私の娘は幼稚園から高校までインターナショナル・スクールに通い、大学もアメリカの大学を卒業した。したがって、学校では、この『The American Pageant』という教科書で歴史を習った。もちろん、日本の歴史に関しては、その多くを私が教えた。

なぜ北朝鮮は「民主主義人民共和国」なのか？

ここまで述べてきたように、日本国憲法もＳＦ平和条約も、アメリカが英語でつくった。したがって、英語の概念によって、日本の「国のかたち」が規定されている。

そこで、述べておきたいのが、英語と日本語が示す概念の違いと、そうしたなかで、意味の取り違えがしばしば起こるということだ。たとえば、「民主主義」という言葉（訳語）は、英語から見るとおかしい。

民主主義を「主義」というから、日本人は「共産主義」や「資本主義」と同じように捉えるが、民主主義は主義ではなく、「政治制度」の一つの「民主制」「民主政体」「民主政治」のことである。

主義なら共産主義が「communism」（コミュニズム）、資本主義が「capitalism」（キャピタリズム）なのだから、「ism《イズム》」がつかなければおかしい。しかし、民主主義は主義がつかない英語の「democracy」（デモクラシー）の訳語だ。「デモ」とは大衆を意味し、「クラシー」は政体を意味する。つまり、民衆が治めるのがデモクラシーである。これに対して、たとえば貴族が治めるのが「aristocracy」（アリストクラシー）＝「貴族制」「貴族政体」である。つまり、クラシーは主権者（統治者）が誰かということを表していて、「君主制」「寡頭制《かとうせい》」などもこれにあたる。

アリストクラシーを貴族制と訳しているのに、なぜデモクラシーを民主主義と訳してしまったのだろうか？

この誤訳によって、日本人は、民主主義を共産主義や社会主義と同じようなカテゴリーで捉えてしまい、たとえば北朝鮮の正式国名になぜ「朝鮮民主主義人民共和国」と民主主義がつくのかわからなくなってしまう。さらに、「共和国」までついていることが理解できない。

しかし、北朝鮮は、共産主義者による民主制であり、天皇のような君主がいないので、「共和国」(republic：リパブリック)だと言えば、理解できるだろうか？　ちなみに、アメリカも民主制の共和国である。共和国とは世襲《せしゅう》による君主が存在しない国家を言うだけのことだ。だから、北朝鮮もアメリカも、中国ですら共和国なのである。

北朝鮮は、事実上、金《キム》ファミリーの世襲・独裁が続いているが、いちおう国民が君主を選ぶかたちを取っているので共和国と言っている。この北朝鮮が、SF平和条約締結当時も、そして現在も日本の安全保障と独立に大きな影響を与えているのだから、歴史というのは本当に皮肉だ。

ところで、私たちの日本は共和国ではない。天皇を君主とする「立憲君主制」(constitutional monarchy)の国家である。

したがって、マッカーサーは日本の君主制(天皇制)は維持するも、それをかたちづくっている政治制体をアメリカ型の民主制(デモクラシー)に変えようとしたわけだ。天皇制は残すが、天皇の大権(主権)は取り上げ、それを国民のものとするために日本国憲法をつくったのである。

そして、民主制となった日本国と連合国の間で交わされたのが、戦争状態を終結させるためのSF平和条約だった。

朝鮮戦争が日本との講和条件を変えた

歴史にイフはないというが、イフで語ることで見えてくることがある。SF平和条約の場合、もし、朝鮮戦争がなかったらと考えてみるといい。

じつは、当初計画されていたアメリカの対日講和案は、SF平和条約の内容より、もっと日本に懲罰的なものだった。

たとえば、沖縄と北方領土は割譲《かつじょう》される、25年間は再軍備も軍需生産も禁止する、そのうえ極東委員会の決定により戦後賠償も厳しく実施する……などだった。もし、これらが実施されていたら、日本の主権はもっと制限され、日本は「自治権」（right of self－government）もない、単なる「施政権」（administrative rights ）だけの国になっていただろう。「施政権」というのは、当然だが、そのなかには「主権」は含まれない。単に、政府が行政を行えるだけの権利である。日本は憲法で保障された国民主権によって政府がつくられ、その政府による行政が行われるだけの半独立国家のままだったろう。

しかし、これらの講和条件は、第二次世界大戦後の冷戦の顕在化、激化によって見直さざるをえなくなった。すでに述べたように、SF平和条約が調印された1951年（昭和26年）9月、朝鮮ではアメリカ軍・韓国軍（連合軍）が北朝鮮軍・中国軍との戦争の最中にあった。

この朝鮮戦争は、日本との講和に決定的な影響を与えた。

朝鮮戦争は1950年（昭和25年）6月25日、北朝鮮による宣戦布告なしの韓国侵略で始まり、不意を突かれた韓国軍とアメリカ軍は朝鮮半島の南端の釜山《プサン》まで追いつめられた。この状況をマッカーサーは仁川《インチョン》上陸作戦で逆転し、ソウル奪回に成功。その後、北朝鮮軍を満州国境の鴨緑江《アムノッカン》近くまで追い詰めた。ところが、ここで中国の「人民志願軍」（＝人民解放軍）が参戦し、韓国軍とアメリカ軍は北緯38度線まで押し戻されてしまった。

その後の戦況は一進一退。再度ソウルを人民解放軍・北朝鮮軍に奪われたが、国連軍側はなんとかこれを再奪回する。しかし、その後は北緯38度戦を挟《はさ》んで、戦線は膠着《こうちゃく》状態に陥《おちい》ってしまった。

そのため、マッカーサーは戦略爆撃を含めた満州攻撃を主張し、場合によっては原爆《げんばく》使用も辞さない構えを見せたのである。

しかし、ハリー・トルーマン大統領は、「それでは中国とソ連の全面介入を招き、第三次世界大戦に突入してしまう」と、マッカーサーの主張を退け、彼を解任してしまった。

戦争は狂人（ルーズベルト）の欲望の産物

ここで再び歴史のイフを持ち出すが、もし、トルーマンがマッカーサーの意見を聞き入れ、満州攻撃に踏み切っていたらどうなっていただろうか？　いまごろ、北朝鮮はなく、毛沢東《マオヅエドン》の中国も存在していないかもしれない。そうなっていたら、現在の日本が直面している安全保障上の問題は、すべてなかったはずだ。

そもそも、中国に毛沢東の中華人民共和国ができたのは、日本敗戦後に、アメリカが中国から手を引き、蔣介石《チアンカイシェック》政権への援助をやめたからである。

アメリカは日本と争っているときは、「援蔣《えんしょう》ルート」までつくって、蔣介石政権を援助し、ヨシフ・スターリンに日本参戦を促《うなが》しておきながら、戦争が終わると豹変《ひょうへん》してしまった。当時の陸軍参謀《さんぼう》総長アルバート・ウェデマイヤーは、それが間違いだと指摘したが、トルーマンは聞く耳を持たなかった。のちに「赤狩り」（Red Scare）で名を馳《は》せたジョセフ・マッカーシー上院議員は、朝鮮戦争中に、ウェデマイヤーが正しかったことを主張して彼を擁護している。ウェデマイヤーの『第二次大戦に勝者なし（上・下）ウェデマイヤー回想録』（講談社学術文庫、1997）には、歴史のイフが満ちている。

日本の戦争も含めて第二次世界大戦は、もとをただせば、ルーズベルトが英国首相のウィンストン・チャーチルに泣きつかれ、ドイツを倒すためにスターリンと手を結んだことで最悪の結果を招いた。

大英帝国と大日本帝國は崩壊し、アメリカが世界覇権を握ったものの、ソ連と中国という禍根《かこん》を残してしまったのである。その結果、この二国は戦争に勝ってもいないのに戦勝国になって、その後、冷戦を引き起こしたのである。

いかにルーズベルトが間違っていたかは、ハーバート・フーバー大統領の回顧録『Freedom Betrayed : Herbert Hoover's Secret History of the Second World War and Its Aftermath』（2012、邦訳タイトルは「裏切られた自由」）に詳しい。その解説書に、次のくだりがある。

《私は、ダグラス・マッカーサー大将と、（一九四六年）五月四日の夕方に三時間、五日の夕方に一時間、そして、六日の朝に一時間、サシで話した。（中略）

私が、日本との戦争のすべてが、戦争に入りたいという狂人（ルーズベルト）の欲望であったと述べたところ、マッカーサーも同意して、また、一九四一年七月の金融制裁は、挑発的であったばかりではなく、その制裁が解除されなければ、自殺行為になったとしても戦争をせざるを得ない状態に日本を追い込んだ。制裁は、殺戮《さつりく》と破壊以外のすべての戦争行為を実行するものであり、いかなる国といえども、品格を重んじる国であれば、我慢できることではなかったと述べた。》

(『日米戦争を起こしたのは誰か　ルーズベルトの罪状・フーバー大統領回顧録を論ず』藤井厳喜ほか、勉誠出版、２０１５)

いま思えばマッカーサーは正しかった

日米戦争はこうして始まり、その戦争に勝って戦後日本の統治者となったマッカーサーは朝鮮戦争半ばで解任されて、アメリカに帰った。そうして、１９５１年5月、アメリカ上院の軍事外交合同委員会で、日本の右派が大東亜戦争を肯定するときに必ず持ち出す有名な証言をすることになった。日本の右派・右翼は「自虐史観」の反動から、どうしても大東亜・太平洋戦争を肯定したい。そのためには、どんな材料にも飛びつく。

その一つが、次のマッカーサー証言であり、この証言のなかの一節「日本は自衛のために戦った」という内容が、右派・右翼を喜ばせる。

"They feared that if those supplies were cut off, there would be 10 to 12 million people unoccupied in Japan. Their purpose, therefore, in going to war was largely dictated by security."

(日本は、資源の供給を絶たれることにより、１０００万人から１２００万人の人々が職を失うだろうことを恐れた。彼らの目的、戦争を始めた理由は、大きく言えば、安全を確保するためだった。)

右派・右翼はこの一節を「マッカーサーが日本の戦争を自衛戦争と肯定した」と主張する。しかし、よく考えてみれば、彼の満州侵攻戦略を正当化するための〝自己弁護〟ではないだろうか？

ただし、現在の視点でマッカーサーの主張を検証すれば、戦略的には彼が正しかった。マッカーサーは、「人民解放軍はすでに全力で参戦をしており、中国にこれ以上の余力はない」「いまのソ連にはアメリカと戦争する力はない」と述べていたからだ。

ソ連崩壊後に明るみに出た資料によれば、スターリンは、このとき、朝鮮戦争に介入する気はなかった。アドルフ・ヒトラーと同じ野心家であり謀略家であるスターリンは、「朝鮮戦争に中国を参戦させることで、米中が朝鮮半島に足止めされる状況をつくる」ことを目指していた。

そうすれば、その間に、東ヨーロッパ諸国の支配を確立できると踏んでいたからだ。

したがって、アメリカがマッカーサーの主張どおりに満州へ侵攻し、北朝鮮の息の根を止めておけば、前記したように、現在の北朝鮮は存在せず、そればかりか、現在の中国も存在しなかったかもしれず、SF平和条約の条文は、また違ったものになっていただろう。

ちなみに、朝鮮戦争はいまだ終結していない。１９５３年（昭和28年）７月の停戦協定によって「停戦」しているだけである。

領土を確定させると日本人の反発を招く

ところで、平和条約を結ぶために、重要なこととはなんだろうか？

それは、当事国による「領土の確定」である。領土が確定しなければ、主権が及ぶ範囲が確定できないからだ。どこからどこまでがA国の領土であり、それをB国は侵さない、尊重するとなってはじめて平和を築くことができる。

現在、日本が尖閣諸島問題で中国と争い、北方領土問題でロシアと交渉を続けているのも、SF平和条約における領土確定が曖昧《あいまい》にされたためだ。

なぜ、そうなってしまったのか？

それは、朝鮮戦争に代表される極東地域での「冷戦」の激化が大きく影響したからである。マッカーサーは日本との早期講和を主張した。これに対して、ソ連は強く反発した。

そんななか、平和条約締結に向けて尽力したのは、1950年（昭和25年）4月に国務省顧問に就任したジョン・フォスター・ダレスだった。第二次大戦後の冷戦の勃発を受けて、アメリカ政府内部では、日本の地政学的な位置から、日本をソ連の勢力圏下に陥らせることなくアメリカの同盟国とするか、あるいは悪くても中立国にとどめるという考えが主流を占めるようになっていた。

当時、駐日政治顧問でGHQ外交局長だったウィリアム・シーボルトは、「極東の状況はアメリカに不利な方向に変化している。来るべき対日講和では、日本を平和な民主国家に再建し、その過大な人口を維持できる安定した経済力を達成させるという役割が、アメリカの第一義的な責任であり任務である」という旨の進言をしている。

シーボルトは、「ヤルタ協定」（Yalta Agreement：ヤルタ会談において米英ソで決められた日本領土分割の秘密協定）を尊重して、将来的に紛争が発生しないように連合国間で旧日本領を分割し、明確な国境画定をしてしまうことを懸念していた。そうすると、日本人は領土を失った恨《うら》みから、アメリカに対する反感を強める。それは、日本のナショナリズムに火をつけて、極東情勢はかえって混乱すると考えていた。

ダレスもまた、国防省が主張する「日本を共産勢力に対する防波堤とする」という案を受け入れつつも、対日講和条約が懲罰的な条約とならないように心がけることを主張した。これは、第二次大戦の遠因ともなった「ヴェルサイユ条約」(Treaty of Versailles) の二の舞とならないようにするためだった。

こうして、ダレス案ができ、サンフランシスコで対日講和会議が開かれたのである。

寛大なダレス案に対して各国が反対表明

ダレスは、自らまとめた対日講和条約案を〝仲直り条約〟(Reconciliation Treaty) と呼んだ。その理由を、「日本の主権を拘束したりするような永続的な制限をいっさい加えていないからだ」と説明した。また、日本の再軍備にも触れ、アメリカ主導による集団的安全保障体制に組み入れることで再武装に制限を加えない旨を表明した。

しかし、これは表向きのことであり、平和条約とともに「日米安全保障条約」(Security Treaty Between the United States and Japan) が同時署名されることが、はじめから決まっていたから言えたことでもあった。なぜなら、この「日米安保条約」と、それとセットで交わされる「日米行政協定」(U.S.-Japan Administrative Agreement、のちの「日米地位協定」) により、日本の主権は制限されることが決まっていたからだ。

「日本をアメリカの同盟国とする」ということは、このときの世界情勢下においては、「日本をアメリカの属国にする」ということと同意なのだった。ちなみに、「agreement：アグリーメント」だから「協定」と日本語に訳されているが、「日米行政協定」は、立派な国際条約である。

寛大なダレス案に対して、オーストラリア、ニュージーランドが反発した。この二国はアメリカとの間に「太平洋集団安全保障条約」を結ぶことになっていたが、それに日本が加わることを拒否したのである。その結果、アメリカは二国との間に「アンザス条約」（ANZUS Treaty）を結ぶことになった。

また、英国も強く反発し、日本の経済活動を制限することまで主張した。英国は１９４９年に樹立を宣言した中国をいち早く承認しており、そのことから中国の会議参加も主張した。これは、英国が自国利益のために、どうしても香港を守りたいからだった。しかし、アメリカは中華民国（台湾）のみの参加を主張し、結局、どちらも招聘《しょうへい》されないことになった。

のちに詳しく述べたいが、太平洋・大東亜戦争において日本と戦って勝ったのはアメリカだけである。ほかの諸国は、アメリカの援助の下に連合国に参加して戦勝国になっただけで、実際に日本に戦争で勝ったわけではない。英国やオランダは、アジアにおいては日本に完敗しており、ましで中国にいたっては日本に勝ったことなど一度もない。だからいま振り返ると、これらの国々の主張は厚かましいと言うほかない。

なかでも、もっとも厚かましかったのが韓国で、韓国はことあるごとに「署名国」としての参加をアピールした。韓国は、戦前は日本領であり、日本と戦争したわけではない。つまり戦勝国ではないうえ、国家でもなかったのである。当然だが、アメリカは韓国の参加を拒否した。

もちろん、ダレス案にもっとも反発したのはソ連であった。ソ連は、はなから条約に署名をしないと決めていたにもかかわらず会議に参加し、13項目もの条約修正を提案した。これは、ヤルタ協定で決められた日本領分割の分け前をえられなかった腹いせであった。

いずれにせよ、こうしてSF平和条約は、連合国側48カ国によって署名・調印された。

日本の歴史教科書は、日本国憲法に関しては条文も掲載して詳しく解説してあるが、日米安保条約や日米地位協定に関してはおざなりにしか解説していない。また、学校の歴史（社会）の授業でも、日米安保条約や日米地位協定を詳しく教えない。

これらの条約が「不平等条約」であり、それによって日本がアメリカの属国として固定されたというのは、教師にとってもイヤなことなのだろう。実際、私は、小学校、中学校、高校を通じて、教師の口から「属国」「従属国」あるいは「植民地」という言葉を聞いたことがない。

平和条約署名と同日に吉田茂首相が一人で署名

SF平和条約の日本側全権団には、首相の吉田茂のほか、星島《ほしじま》二郎《じろう》（自由党議員）、池田《いけだ》勇人《はやと》（蔵相）、一萬田《いちまた》尚登《ひさと》（日銀総裁）、苫米地《とまべち》義三《よしぞう》（国民民主党党首）などが参加していた。

これら日本の全権団が、日米安保条約が9月8日の夕方5時に調印されることを知ったのは、前日の深夜のことだったという。9月8日というのはSF平和条約の調印日である。それが終わって休む間もなく、安保条約の調印式が行われた。しかも、その調印式は、平和条約が調印されたオペラハ

たった一人で安保条約に署名した吉田茂首相、後方最左がダレス　出典：National Archives and Records Administration

ウスではなく、プレシィディオ陸軍基地で行われ、これに参加したのは、なんと吉田茂たった一人だけだった。

当時、事務方として参加していた外務省条約局長・西村熊雄《にしむらくまお》の回想録（『サンフランシスコ平和条約　日米安保条約―シリーズ戦後史の証言・占領と講和〈7〉』（中公文庫、1999）によると、7日夜の会議が終わり、午後11時近くに議場を出ようとすると、シーボルトから呼び止められ、このことを初めて知らされた。あわてた西村は、吉田首相が宿泊していたスコット邸に赴《おもむ》いて、これを伝えた。

しかも、このとき、日米安保条約は英文しか存在していなかった。そのため、事務局は手渡された英文を翌日にかけて翻訳したのである。

このような状況を『吉田茂とサンフランシスコ講和（上・下）』（三浦洋一、大月書店、1996）は、次のように描いている。

《サンフランシスコ講和条約が豪華なオペラハウスで、48カ国の代表との間で華々しく調印されたのに対し、日米安保条約はどこで結ぶのか、いつ結ぶのか、最後の最後まで日本側は教えてもらえませんでした。あまりにアメリカにとって有利な特権を認める条約であること、逆に日本にとって売国的な条約であることが、アメリカ側にはよくわかっていたのです。そのため先に述べたようにダレス自身が、ソ連などからだけでなく、イギリスなどの西側諸国からも妨害が入ることを警戒していたのです。》

吉田茂首相は、このことを納得していた。前出の西村の回想録によると、議員団の一員として現地にいた吉田側近の福永健司《ふくながけんじ》衆院議員から、こう聞かされたという。

「吉田首相はソ連がなんらかの策動をする時間を与えぬために講和条約と同じ日に安保条約に署名することに賛成だった」

また、西村は安保条約署名全権委任状をつくるために、吉田首相に誰が署名者になるのかを尋ねた。すると吉田首相は、「星島くん、池田くんに頼めば署名してくれるだろうが、安保条約は不人気だ。政治家がこれに署名するのはためにならん。おれひとりで署名する」と語ったという。

吉田茂の回想録『回想十年』（中公文庫、１９９８）によれば、アチソン国務長官が「この条約によって太平洋の安全保障の第一歩が踏み出される」と述べ、吉田が「条約は非武装、無防備の日本の安全を保障するものである」と挨拶して、日米双方が署名したという。

こうして、日本の国際社会におけるポジションは決定した。アメリカの属国という位置付けは固定化されたと言っていい。

第4章
日米安保条約と沖縄返還の真相

右派も左派も反対した「主権回復の日」

２０１３年（平成25年）４月28日、サンフランシスコ平和条約（以下、ＳＦ平和条約）が発効してから61年目にあたるこの日、東京・永田町の憲政記念館で「主権回復の日」の記念式典が開かれた。この式典は政府が主催する国家行事だったが、護憲派も改憲派も反対するという、ありえない状況のなかでの開催となった。

なぜ、こんなことになってしまったのだろうか？

安倍首相は、式典開催の冒頭で次のように述べた。

「本日、天皇皇后両陛下の御臨席を仰ぎ、各界多数の方々のご参列をえて、主権回復・国際社会復帰を記念する式典が挙行されるに当たり、政府を代表して、式辞を申し述べます。

61年前の本日は、日本が、自分たちの力によって、再び歩みを始めた日であります。サンフランシスコ講和条約の発効によって、主権を取り戻し、日本を、日本人自身のものとした日でありました。

その日から、61年。本日を一つの大切な節目とし、これまで私たちがたどった足跡に思いをいたしながら、未来へ向かって、希望と、決意を新たにする日にしたいと思います」

これまで述べてきたように、安倍首相のこの式辞は明らかな嘘である。「サンフランシスコ講和条約の発効によって、主権を取り戻し、日本を、日本人自身のものとした日でありました」と言える根拠はどこにもないからだ。

だから、まず右派が怒った。

右翼、民族派などと呼ばれるいくつかの団体は、政府式典に対抗するため、『4・28政府主催「主権回復記念式典」に抗議する国民集会実行委員会』を開催し、都内で抗議デモを行った。参加したのは、「一水会《いっすいかい》」「大悲会《だいひかい》」「統一戦線義勇軍」「主権回復を目指す会」などで、彼らからしてみれば「中国から尖閣諸島問題などで主権を侵されているというのに、いまさらそんなことをやっている場合か」ということだろう。これら右派の主張は、「日本の主権回復はいまだになされていない。中国、朝鮮、アメリカなどの内政干渉に屈服し続けている状態は真の独立国家ではない」で、首尾一貫していた。

それでは、左派はなぜ怒ったのか？　日本共産党、生活の党などは、「世論が割れているなかでの式典は天皇の政治利用だ」と主張して式典の出席を拒否した。もともと彼らは「憲法違反」と叫ぶのが大好きな集団なので、ここでは、憲法が規定している〝天皇の政治利用〟を持ち出したと言えるだろう。

ただ、同じ左派と言っても、沖縄は本土とは大きく違っていた。沖縄はいまや「反戦・左翼アイランド」と言っても過言ではなく、住民意識は大きくねじ曲がっている。

仲井眞弘多《なかいまひろかず》・沖縄県知事（当時）は式典の欠席を早々と決め、式典当日には、宜野湾《ぎのわん》海浜公園野外劇場で「4・28『屈辱の日』沖縄大会」が開かれた。

「屈辱の日」と聞いて、本土の住民は驚くかもしれないが、これは事実である。SF平和条約で取り戻したとされる〝日本の主権〟は、沖縄には及ばなかったからだ。SF平和条約は、ソ連の千島列島などの占領を事実上承認するとともに、沖縄、奄美、小笠原に対しては、アメリカが「行政、立法及び司法上の権力の全部及び一部を行使する権利を有する」（第三条）ことを決定している。つまり、１９５２年（昭和27年）４月28日は、沖縄が完全に主権回復の権利を失い、アメリカの植民地として生きて行くことが決まった日なのである。

この日をもって沖縄は、奄美・小笠原とともにアメリカ軍の完全な統治下に置かれた。そして敗戦から27年を経た１９７２年（昭和47年）、ようやく日本に返還された。しかし、その後も沖縄には、在日米軍専用施設の７割以上が集中し続けている。つまり、ＳＦ平和条約と、同時に結ばれた「日米安保条約」「日米行政協定」（のちの日米地位協定）に照らせば、沖縄がいまも日本本土以上に半独立状態にあるのは明らかだ。

結局、国家がこのような状況に置かれれば、その状況に不満を持つ住民の〝独立運動〟が起こる。これは、左派も右派も問わない。沖縄は日本のなかで、そうした運動がもっとも強い地域と言わねばならない。

「主権回復の日」の記念式典が無事に終わり、天皇、皇后両陛下が退席される際に、出席者の間から「天皇陛下、万歳」の声が上がった。そして、万歳三唱の唱和が起こった。しかし残念ながら、この立憲君主国において、まだまだ国民全員が君主を讃《たた》える状況は訪れていない。

事実、「主権回復の日」の式典はあまりに不評だったために、その後、一回も行われていない。

条約のどこにも「主権」は示されていない

さて、ここで大きな疑問がある。沖縄が完全に本土から切り離されて日本の主権が及ばなくなったのなら、なぜ日本に戻ってきたのか？　なぜ、アメリカは沖縄を日本に返還したのだろうか？普通に考えて、主権を喪失した領土は、それを奪った相手国のものである。持ち主は代わったのである。とすれば、それはもう日本のものではないのだから、返すなどということはありえない。返還ということ自体、おかしいのだ。

そこで、現在の沖縄が置かれている状況、つまり「属国中の属国」という状況がなぜ起こり、今日まで続いてきたのかを振り返ってみることにしたい。

じつは沖縄が日本から切り離されたのは、ＳＦ平和条約によってではない。ＳＦ平和条約は状況を追認しただけで、沖縄は１９４５年（昭和20年）にアメリカ軍によって占領された時点で、すでに日本ではなくなっていた。アメリカは占領と同時に軍政を敷いた。当初アメリカは、沖縄を一つの国として扱い、沖縄の人々は日本に同化された民族と捉えていたのだ。

とすれば、ＳＦ平和条約の扱い次第では、沖縄の本土復帰はありえなかったのである。沖縄の扱いを決めたＳＦ平和条約の第３条は次のようになっている。

《Article 3

Japan will concur in any proposal of the United States to the United Nations to place under its trusteeship system, with the United States as the sole administering authority, Nansei Shoto south of 29deg. north latitude (including the Ryukyu Islands and the Daito Islands), Nanpo Shoto south of Sofu Gan (including the Bonin Islands, Rosario Island and the Volcano Islands) and Parece Vela and

Marcus Island.
Pending the making of such a proposal and affirmative action thereon, the United States will have the right to exercise all and any powers of administration, legislation and jurisdiction over the territory and inhabitants of these islands, including their territorial waters.》

（第三条　日本国は、北緯二十九度以南の南西《なんせい》諸島（琉球《りゅうきゅう》諸島及び大東《だいとう》諸島を含む。）孀婦《そうふ》岩《いわ》の南の南方《なんぽう》諸島（小笠原群島、西之《にしの》島《しま》及び火山列島を含む。）並びに沖《おき》の鳥《とり》島及び南鳥《みなみとり》島を合衆国を唯一の施政権者とする信託統治制度の下におくこととする国際連合に対する合衆国のいかなる提案にも同意する。このような提案が行われ且つ可決されるまで、合衆国は、領水を含むこれらの諸島の領域及び住民に対して、行政、立法及び司法上の権力の全部及び一部を行使する権利を有するものとする。）

ここには不思議なことに、どこにも「主権」（sovereignty）という言葉が出てこない。領土というのは、その国の主権が及ぶところを指す。とすれば、《北緯二十九度以南の南西諸島（琉球諸島及び大東諸島を含む。）》でアメリカが持っているのは、《行政、立法及び司法上の権力の全部及び一部を行使する権利を有するものとする。》とあるので、主権ではなく「施政権」（administration rights）である。施政権には、一般的に「立法権・行政権・司法権」の三つの権利が含まれる。つまり、アメリカはこの三つの権利を持って沖縄を統治するというのが、ＳＦ平和条約が示したことである。

とすると、１９７２年の沖縄返還というのは、この施政権が日本に返されたということを意味する。ところが、日本政府は、沖縄の主権が日本に返還されたとしている。もともとアメリカが持っていない主権が、なぜ日本に返されたと言えるのだろうか？

日本は沖縄の「潜在主権」を持っている

じつは、SF平和条約の講和条約をめぐっては、日米で水面下の交渉が行われていた。交渉というより、アメリカの要求をなんとか交わして、少しでも有利にしようという日本側の抵抗だったのは言うまでもない。当初、アメリカは沖縄を国連の「信託統治領」（United Nations Trust Territories）とすることを考えていた。こうすれば、日本本土と完全に切り離して「永久占領」が可能だからだ。しかし、吉田茂がこれに抵抗した。

吉田はいつか沖縄を取り戻す日が来ることを考え、アメリカ側に、「潜在主権」（残存主権：residual sovereignty）を認めさせようとしたのである。

潜在主権とは、もともとは日本領なのだから、奪われたとはいえ日本の主権は残っているということを指す。つまり、「施政権は渡しますが主権だけは残してほしい」と、吉田はアメリカに懇願《こんがん》した。

ここで言う潜在主権という概念は、なにも特殊なものではない。たとえば、かつて欧米列強が中国に持っていた「租界《そかい》」や「租借地《そしゃくち》」を考えればいい。租界や租借地には中国の主権は及ばない。しかし、もともと中国のものである以上、主権は残っている。これは、香港が中国に返還されたことを見れば明らかだ。つまり吉田は、沖縄は韓国や台湾などと違って日本の領土であるということを認めさせたのである。

ただし、この潜在主権という言葉もまた、SF平和条約の条文のなかには出てこない。

日本が沖縄の潜在主権を有していると公式文書に初めて登場するのは、１９５７年（昭和32年）６月21日の日米共同声明である。当時の岸信介首相とドワイト・アイゼンハワー大統領によって出された声明のなかに、次のような一節がある。

《The President reaffirmed the United States position that Japan possesses residual sovereignty over these islands.》

（大統領は、日本がこれらの諸島に対する潜在的主権を有するという合衆国の立場を再確認した。）

ここにある「residual sovereignty」が潜在主権であり、「these islands」（これらの島々）は、沖縄を含む南西諸島のことである（ちなみに、ここには尖閣諸島が含まれていると考えられる）。

とすれば、アイゼンハワー大統領が再確認した「潜在主権」は、過去にそういう合意事項がなければならない。前記したように、ＳＦ平和条約の条文には、この言葉はない。それなのに、なぜここで再確認できたのだろうか？

なぜアメリカは沖縄を手放さないのか？

その根拠を求めていくと、条約調印前の１９５１年（昭和26年）９月５日に行われたダレス国務長官（アメリカ全権）のスピーチに行き当たる。ここで、ダレスは、平和条約の条文の内容を説明している。次がその一節である。

"Article 3 deals with the Ryukyus and other islands to the south and southeast of Japan. These, since the surrender, have been under the sole administration of the United States.

Several of the Allied Powers urged that the treaty should require Japan to renounce its sovereignty over these islands in favor of United States sovereignty. Others suggested that these islands should be restored completely to Japan.

In the face of this division of Allied opinion, the United States felt that the best formula would be to permit Japan to retain residual sovereignty, while making it possible for these islands to he brought into the United Nations trusteeship system, with the United States as administering authority."

（第三条は、琉球諸島及び日本の南及び南東の諸島を取り扱っています。これらの諸島は、降伏以降合衆国の単独行政権の下にあります。若干の連合国は、合衆国主権のためにこれらの諸島に対する主権を日本が放棄することを本条約に規定することを力説しました。他の諸国は、これらの諸島は日本に完全に復帰せしめられるべきであると提議しました。連合国のこの意見の相違にも拘わらず、合衆国は、最善の方法は、合衆国を施政権者とする合衆国信託統治制度の下にこれらの諸島を置くことを可能にし、日本に残存主権を許すことであると感じました。）

「permit Japan to retain residual sovereignty」（日本に残存主権を許す）という一節に、初めて「残存

主権」＝「潜在主権」（residual sovereignty）という言葉が登場している。これは、ダレスがある程度、日本側の要求を飲んだことを表している。吉田茂の努力が実ったのである。

演説のなかにあるように、沖縄の主権をめぐっては連合国内で意見の相違があった。ソ連は、沖縄の主権を日本から取り上げてしまい、国連の信託統治にすることを主張していた。そうすれば、自身の北方領土の占領は正当化されるからである。

しかし、アメリカはこの主張には乗らず、日本に主権を残したうえで、アメリカ自身が信託統治する方法を選んだのである。すでに朝鮮戦争は始まっており、沖縄を共産勢力に対する防波堤にするには、これが最善の方法と考えたのである。

ソ連がロシアになり、中国の北京《ペキン》政権が中国全土を統治している現代においても、沖縄の地政学的な状況は変わらない。ロシア、中国にとっては、沖縄はいまも〝目の上のたんこぶ〟である。アメリカ軍基地をなんとしても排除したいと、水面下でさまざまな工作を続けている。

アメリカの沖縄統治システムは、琉球政府に自治をやらせ、決定内容に関してはアメリカの琉球列島米国民政府に諮《はか》り承諾をえなければいけないというものだった。これで、沖縄は完全なアメリカの属国領となったが、自治ができるだけまだましだった。もし、ほかの連合国が統治したら、自治さえもできなかっただろう。

潜在主権が残ったことで、沖縄の住民にはアメリカ国籍が与えられず、日本国籍のままになった。アメリカであってアメリカでない、日本であっても日本でない。それが沖縄の常態となった。この状態は、返還後現在まで続いていると言っても過言でない。ただし、主権が日本側に残っていなければ、沖縄返還はありえなかった。

ＳＦ平和条約の締結当時、ダレスが沖縄を含む日本をどう捉えていたかは、日本との間で日米安保条約を結ぶ目的を、次のように言っていたことで明らかだ。ダレスは、１９５１年（昭和26年）１月26日のスタッフ会議で、明確にこう言っている。

「われわれの望む数の兵力を、望む場所に、望む期間だけ駐留させる権利を確保する」

この目的が、はっきり文書化されているのが、日米安保条約と日米行政協定なのである。

なぜ左派は沖縄返還に反対したのか？

沖縄返還に関しては、これまでさまざまな舞台裏が明らかになっている。それらのどれもが、いま思えば、なぜこんなことが非公開にされたのかと、首をひねるものばかりだ。ただ、なぜアメリカが沖縄を返還したのか？　については、日本の教科書はまったく触れていない。

日本の歴史教科書は、相変わらず、当時の佐藤栄作《さとうえいさく》内閣がアメリカ側と粘り強く交渉し、１９６８年（昭和43年）の小笠原諸島の返還に続いて１９７２年（昭和47年）に沖縄返還を獲得したと、淡々と綴っているだけだ。しかし、この無機質な記述は、私たちの歴史認識を誤らせる。

沖縄では、１９５０年代後半から、本土復帰を訴える有志による「島ぐるみ闘争」と呼ばれる抵抗運動が起こった。そうして、１９６０年（昭和35年）に「沖縄県祖国復帰協議会」（復帰協）が結成された。このような〝独立運動〟は、アメリカに対する抵抗（反米闘争）であるから、中国は強く支持した。

2013年（平成25年）5月9日付の時事通信の記事は次のように伝えている。

《【北京時事】中国外務省が1964年、米国の施政下にあった沖縄の主権について、毛沢東主席の意向に沿い、「当然日本に返還されるべきだ」という外務次官の談話を作成した上、各地の大使館などに電報で送り、外交官に指示を徹底させていたことが9日分かった。時事通信が、中国外務省档案館（外交史料館）で外交文書として収蔵された電報の原文コピーを閲覧した。

中国共産党機関紙・人民日報は8日、沖縄をめぐる主権について「未解決」と主張する研究者の論文を掲載した。しかし、49年の中華人民共和国の成立以降、中国は沖縄に対する領有権を唱えておらず、この電報は、沖縄の日本帰属を中国が認めていたことを示す証拠の一つと言えそうだ。

電報の表題は「『ソ連はあまりに他国領土を取り過ぎている』という毛主席の談話」（64年7月28日）。それによると、毛氏は同年7月10日、日本社会党の国会議員と会談。議員が北方領土問題への毛氏の考えを質問したところ、「あなたたちに返還すべきだ」と答えた。毛氏はこの年の1月、訪中した日本の日中友好関係者と会見した際、沖縄を「日本の領土」と認め、沖縄返還要求運動について、「中国人民は日本人民の正義の闘争を心から支持する」と表明していた。》

なんと毛沢東は、沖縄返還運動を、日本人民による〝正義の闘争〟として支持していたのである。もちろん、中国の利益のためだが、このことは特筆すべきことだ。

1969年（昭和44年）から、日本政府は安保改定交渉とともに沖縄返還交渉に入った。そのため、本土ではいわゆる「70年安保闘争」が起こった。社会党、共産党などの左翼陣営は、「安保延長反対」を唱えるとともに沖縄返還にも強く反対した。安保改正反対派は、左翼陣営を結集して、学生運動、労働組合などを巻き込み、「進歩的文化人」という、なにが進歩的なのかわからない人々の言論の支持を受けて、一大運動を日本中で繰り広げた。これは、いま思えば、戦後の日本の安全保障にとって最大の危機だった。

彼らの主張を要約すると、「沖縄返還は日米安保破棄を前提にしろ！　そうでなければ沖縄返還に反対する」というものだった。こうした運動を、この国では〝平和運動〟とも呼ぶが、そのネーミングがいかに現実を無視したものであるかは言うまでもない。

その結果、佐藤首相は、日米安保の継続と沖縄返還の両立を目指すという、きわめて難しい政策遂《すい》行《こう》の隘《あい》路《ろ》に追い込まれた。こうして日本政府は、国民に対して「嘘」をつかざるをえなくなり、アメリカと「密約」を結ばざるをえなくなってしまったのである。

嘘と言うのは、沖縄返還が「核抜き・本土並み」ということであり、密約と言うのは、沖縄に占領時代と変わらない膨大な米軍基地の存在を認め、「核の持ち込み」と有事の際の「自由出撃」を認めるということだった。

国民に対して「嘘」をつき「密約」を結ぶ

いま思えば、当時の日本政府が掲げていた「非核三原則」（「核兵器を持たず、つくらず、持ち込ませず」）は、完全なるフィクションだった。このことは、第6章で核による安全保障を詳述することで明らかにするが、こんな原則を掲げたために、日本の沖縄返還交渉は嘘の上塗《うわぬ》りをするほかなくなってしまった。

当時、中国はすでに核保有国になっていた。１９６９年（昭和44年）９月に初の地下核実験を成功させた中国は、１９７０年（昭和45年）には人工衛星の打ち上げにも成功していた。この間、アメリカはベトナム戦争を戦いながら、ニクソン大統領が掲げた「名誉ある撤退」を、いかに実現させるかに苦心していた。

そんななか、ニクソン政権の戦略を担っていたヘンリー・キッシンジャー国務長官が考えついたのが、当時対立を深めていたソ連と中国の仲を徹底して引き裂くことだった。彼は、なんと中国をアメリカ側に引き込もうと画策したのである。

そのため、アメリカは中国とは敵対しないというメッセージを北京に送る必要があった。これに利用されたのが、日本の「非核三原則」で、これを受け入れて沖縄を日本に返還すれば、沖縄には北京を狙う核がなくなる。つまり、中国を安心させることができると、キッシンジャーは考えた。

当時、沖縄の読谷村《よみたんそん》にはアメリカの核ミサイル基地があった。２０１５年（平成27年）12月28日、軍事専門サイト「military.com」に掲載された軍事専門家ジョセフ・ホフマン氏の記事によると、読谷村の基地は、空軍の「873rd Tactical Missile Squadron」（第８７３戦術ミサイル部隊）が管理し、核弾頭を装備した4基の地対地巡航ミサイルの「MGM-13 Mace」が絶えず臨戦態勢に置かれていたという。このミサイルは、キューバ危機の最中の１９６２年（昭和37年）10月28日に発射命令が下された。ところが、現場の判断で発射されなかったというから、本当に驚く。

1972年（昭和47年）5月15日沖縄復帰記念式典であいさつする屋良朝苗知事（当時）、出典：沖縄県公文書館

いずれにせよ、このようななかで実現した沖縄の本土復帰は、沖縄県民の悲願が実ったものでもなければ、佐藤首相が言った「沖縄が返還されなければ戦後は終わらない」という粘り強い交渉の結果でもなかった。

なぜなら、日本政府とアメリカ政府は裏で「密約」を結んでいたからだ。有事の場合は、沖縄への核の持ち込みを日本が事実上認めるという秘密協定に、日本政府は署名していた。しかも、アメリカは核の持ち込みを「introduction＝配置や貯蔵」としたのを、日本側は「transit＝寄港、通過」と勝手に解釈していた。これは、アメリカのナショナル・アーカイブ（国立公文書館）に保存されていたキッシンジャー・メモで明らかになっている。

さらに、日本政府が返還協定第7条に基づき特別支出金として総額３億２０００万ドル（当時の為替レート換算で約９６０億円）をアメリカに支払う約束をしたことも、返還の大きな決め手となった。

日本は、返還をカネで買ったのである。これはベトナム戦争の莫大な戦費で財政が悪化していたアメリカにとっては、最高のプレゼントだった。ちなみにこの3億2000万ドルのなかには、米軍基地の原状回復費用400万ドルが含まれていた。これを暴いたのが毎日新聞の西山太吉《にしやまたきち》記者だった(「西山事件」)。

これまで日本政府は、密約の存在を一貫して否定してきたが、2006年(平成18年)2月に、共同通信が当時の交渉当事者である吉野文六《よしのぶんろく》・元外務省アメリカ局長をインタビューして明らかになった。

このように、「非核」においても「費用」においても、日米の密約が存在し、その合意に基づいて沖縄は返還されたのである。しかし、それは形式上では沖縄における日本の主権の回復となっていても、現実ではそうなっていないことを表している。

国家が主権を回復して真の独立国になるということは、これほどの苦難が伴うのである。戦争に敗けるということの意味を、私たちはもう一度考え直すべきだろう。

なぜ密使・若泉敬氏は自殺したのか?

1996年(平成8年)7月27日、沖縄返還交渉で佐藤首相の密使として交渉に当たった若泉敬《わかいずみけい》氏が、青酸カリによる服毒自殺を遂《と》げた。若泉氏は、1994年(平成6年)、『他策ナカリシヲ信ゼムト欲ス』(文藝春秋、1994)という極秘交渉の経緯を記した著書を上梓《じょうし》し、当時の沖縄県知事・大田昌秀《おおたまさひで》氏宛に「歴史に対して負っている私の重い『結果責任』を取り、国立戦没者墓苑において自裁(自殺)します」という遺書を送っていた。ただし、このときは自殺を思いとどまっていた。

ところが、それから2年後、本当に自殺してしまったのである。なぜ、若泉氏は自殺したのだろうか？

若泉氏の心を苛《さいな》んでいたのは、「核抜き本土並み」という表向きの看板の裏でアメリカと密約を交わし、核の持ち込みを許し、国民に嘘をついたことだった。そして、沖縄の人々には返還後も重い負担を強いてきた。著書では「それ以外には手はなかった」と書いたものの、自分が背負った歴史の宿命に耐えられなかったのである。つまり、若泉氏は「死」をもって国民に詫びたのだ。

若泉氏の著者のなかには、私たちが知っておくべき事実がいくつも登場する。そのなかでもっとも重要なのは、沖縄返還は日本が望んだものではなく、当初は、アメリカ側から提示されたということだろう。そのきっかけをつくったのは、1961年（昭和36年）に駐日大使として赴任したエドウィン・ライシャワーだった。ライシャワーは、沖縄の人々の本土復帰運動を知り、これ以上沖縄をアメリカの軍政下に置き続けることの難しさを認識した。それで「本土並み」の条件で沖縄を日本に返還することを本国政府に提言したという。

アメリカ政府内で、国防総省と国務省の合同委員会が設置され、沖縄返還問題が検討されるようになったのは1966年（昭和41年）、ライシャワーの辞任後のことだった。ただ、当初、佐藤首相は、日本から沖縄返還を要求することに非常に慎重だったという。

2010年（平成22年）6月、NHKでドキュメンタリー『密使若泉敬　沖縄返還の代償』という番組が放映された。このドキュメンタリーが明かした返還ストーリーは驚愕《きょうがく》である。なぜなら、沖縄の核はすでにアメリカにとって必要ではなく、いずれ撤去する予定だった。それは、ICBMの開発が進んで、核ミサイルはどこからでも発射できるようになっていたからだ。しかし、アメリカはこのことを隠し、日本には核の重要性を強調して有事における核持ち込みを飲ませた。さらに、沖縄におけるアメリカ軍基地の固定化と自由使用を手に入れたというのだ。

このことを若泉氏が知ったのは、返還20年を記念して開かれたシンポジウムでのことだった。核問題は目くらましにすぎない。自分は騙《だま》されたと知って、若泉氏は愕然《がくぜん》とする。しかも、当時のアメリカ側の交渉相手は、若泉氏のアメリカ留学時からの友人でもあったモートン・ハルペリン氏（元NSC高官）だった。

『星条旗と日の丸の狭間で―証言記録　沖縄返還と核密約』（具志堅勝也著、沖縄大学地域研究所叢書、2012）は、沖縄でただ一人、若泉氏と接触できたジャーナリストが明かす、密約の証言・記録だが、この書評のなかで、大田昌秀氏は若泉氏についてこう述べている。

《一見柔和に見えるけど、芯は古武士の風格を備えた人物で、その行為は、他の追随を許さない誠実な人柄による。》

日本自らがアメリカ軍の駐留を希望する

このように沖縄返還のストーリーを追っていくと、結局、SF平和条約とともに、現在の日本と沖縄を規定している二つの条約を見直さざるをえなくなる。

よく言われる「日本の戦後体制は日本国憲法によって成り立っている」というのは間違いである。

日本は、SF平和条約、日米安保条約、日米行政協定（現在の日米地位協定）の三つによって成り立っているのだ。

なぜなら、この三つの条約とも日本国の主権を制限しているからである。その意味で、憲法を改正すれば日本は独立できると考えている〝単純右派〟の人々は、考え直したほうがいい。

それではまず、「日米安保条約」を見直してみたいが、現在「日米安保」というと、1960年（昭和35年）に新たに結ばれた「新安保」（日本国とアメリカ合衆国との間の相互協力及び安全保障条約：Treaty of Mutual Cooperation and Security between the United States and Japan）を指す。この新安保は、10年ごとに更新され、現在も「日米同盟」の根幹を成している。ただ、新安保と言っても、1952年（昭和27年）にSF平和条約とともに発効した「旧安保」と内容的にほとんど変わらない。

なぜなら、この条約は軍事同盟条約であり、アメリカ軍による日本統治を正当化したものだからだ。よって、条約発効後なにが起こったかと言えば、第6条(a)により、アメリカ軍以外の連合国軍がすべて日本から撤収したことだ。つまり、日本は事実上、アメリカ一国によって占領されることになった。

しかも、このアメリカ一国支配を、日本が自ら希望したことになっている。これは、「前文」（Introduction）を読めば明らかだ。

《Introduction

Japan has this day signed a Treaty of Peace with the Allied Powers. On the coming into force of that Treaty, Japan will not have the effective means to exercise its inherent right of self-defense because it has been disarmed.

There is danger to Japan in this situation because irresponsible militarism has not yet been driven from the world. Therefore, Japan desires a Security Treaty with the United States of America to come into force simultaneously with the Treaty of Peace between the United States of America and Japan.

The Treaty of Peace recognizes that Japan as a sovereign nation has the right to enter into collective security arrangements, and further, the Charter of the United Nations recognizes that all nations possess an inherent right of individual and collective self-defense.

In exercise of these rights, Japan desires, as a provisional arrangement for its defense, that the United States of America should maintain armed forces of its own in and about Japan so as to deter armed attack upon Japan.

The United States of America, in the interest of peace and security, is presently willing to maintain certain of its armed forces in and about Japan, in the expectation, however, that Japan will itself increasingly assume responsibility for its own defense against direct and indirect aggression, always avoiding any armament which could be an offensive threat or serve other than to promote peace and security in accordance with the purposes and principles of the United Nations Charter.

Accordingly, the two countries have agreed as follows:》

（前文　日本国は、本日連合国との平和条約に署名した。日本国は、武装を解除されているので、平和条約の効力発生の時において固有の自衛権を行使する有効な手段をもたない。

無責任な軍国主義がまだ世界から駆逐《くちく》されていないので、前記の状態にある日本国には危険がある。よつて、日本国は平和条約が日本国とアメリカ合衆国の間に効力を生ずるのと同時に効力を生ずべきアメリカ合衆国との安全保障条約を希望する。

平和条約は、日本国が主権国として集団的安全保障取極《とりきめ》を締結する権利を有することを承認し、さらに、国際連合憲章は、すべての国が個別的及び集団的自衛の固有の権利を有することを承認している。

これらの権利の行使として、日本国は、その防衛のための暫定措置として、日本国に対する武力攻撃を阻止するため日本国内及びその附近にアメリカ合衆国がその軍隊を維持することを希望する。

アメリカ合衆国は、平和と安全のために、現在、若干の自国軍隊を日本国内及びその附近に維持する意思がある。但し、アメリカ合衆国は、日本国が、攻撃的な脅威となり又は国際連合憲章の目的及び原則に従つて平和と安全を増進すること以外に用いられうべき軍備をもつことを常に避けつつ、直接及び間接の侵略に対する自国の防衛のため漸増的に自ら責任を負うことを期待する。

よつて、両国は、次のとおり協定した。）

個別的・集団的自衛権をアメリカが肩代わり

どうだろうか?

どのように読もうと、「日本はアメリカ軍が日本国内に駐留することを希望します。お願いします」としか読めないだろう。当時、まだ日本には自衛隊がなかった。マッカーサーにより警察予備隊がつくられたが、それは自衛軍と言うより駐留米軍を補完するものだった。したがって、なんの武力も持たない日本は、このようにアメリカに守ってもらうことにした(とはいえ、文面は全部アメリカが書いた)のだ。

さらに、アメリカ軍にお願いすることに関しては、《これらの権利の行使として、日本国は、その防衛のための暫定措置として、日本国に対する武力攻撃を阻止するため日本国内及びその附近にアメリカ合衆国がその軍隊を維持することを希望する》とあるので、まず《これらの権利の行使として》とはなにかということになる。

それは、その前に《国際連合憲章は、すべての国が個別的及び集団的自衛の固有の権利を有することを承認している》とあるから、すなわち、「個別的自衛権」と「集団的自衛権」を指している。日本はこれらの権利を持っている。だから、これらの権利をアメリカが肩代わりして戦ってくれるということだ。

近年の憲法議論では、「集団的自衛権」が常に問題視されてきた。憲法上、日本は集団的自衛権を持っていないとされ、それを「持っている」と解釈を変更したことで安倍政権は、左派やリベラルメディアから徹底的に批判された。

しかし、この批判は無益であったと言える。なぜなら日本が集団的自衛権を持っていないとすれば、日米安保は成り立たなくなるからだ。日本国憲法より、日米安全保障条約のほうが上位にくる。そう言い切ってしまえば、２０１５年（平成27年）の安保法制など必要なかったのだ。

「前文」に続いて「第一条」が置かれているが、ここでは次のように、アメリカ陸軍、空軍、海軍が日本に駐留して日本を武力攻撃から守ることを明確にしている。アメリカ軍は、日本国の安全に寄与するために日本に駐留するとしている。

《Article 1

Japan grants, and the United States of America accepts, the right, upon the coming into force of the Treaty of Peace and of this Treaty, to dispose United States land, air and sea forces in and about Japan. Such forces may be utilized to contribute to the maintenance of international peace and security in the Far East and to the security of Japan against armed attack from without, including assistance given at the express request of the Japanese Government to put down largescale internal riots and disturbances in Japan, caused through instigation or intervention by an outside power or powers.》

（第一条　平和条約及びこの条約の効力発生と同時に、アメリカ合衆国の陸軍、空軍及び海軍を日本国内及びその附近に配備する権利を、日本国は、許与し、アメリカ合衆国は、これを受諾する。この軍隊は、極東における国際の平和と安全の維持に寄与し、並びに、一又は二以上の外部の国による教唆《きょうさ》又は干渉によって引き起された日本国における大規模の内乱及び騒じょうを鎮圧するため日本国政府の明示の要請に応じて与えられる援助を含めて、外部からの武力攻撃に対する日本国の安全に寄与するために使用することができる。)

アメリカは日本を本当に守るのか?

ある国がある国を一方的に守る。「前文」「第一条」を読めば、明確にこのことがわかる。しかし、そんな同盟関係は成り立つのだろうか? 歴史上、こんな軍事同盟は成立したことがない。アメリカは日本を防衛する義務を負っているが、日本側はアメリカに対してその義務を負っていない。そんなうまい話があるだろうか?

しかしこれは、紛《まぎ》れもない事実である。しかも、旧安保から新安保になり、それが10年ごとに更新されて半世紀以上たつ間、ずっと続いている。

「新安保」では「第五条」に、このことが明確に述べられている。そのため、これまで繰り返し言われてきたのが、「日米安保は片務協定であり、アメリカが一方的に損をしている」ということだ。トランプ大統領ですらこのことを知っていて、2016年の大統領選挙中に「不公平」と指摘、「日本はもっとカネを払え」と言ったのである。

しかし、それでは、アメリカはどんなケースでも、日本が武力攻撃されたら日本を本当に守るのだろうか?

問題の第五条は、次のようになっている。

《Article 5

Each Party recognizes that an armed attack against either Party in the territories under the administration of Japan would be dangerous to its own peace and safety and declares that it would act to meet the common danger in accordance with its constitutional provisions and processes.

Any such armed attack and all measures taken as a result thereof shall be immediately reported to the Security Council of the United Nations in accordance with the provisions of Article 51 of the Charter. Such measures shall be terminated when the Security Council has taken the measures necessary to restore and maintain international peace and security.

（第五条　各締約国は、日本国の施政の下にある領域における、いずれか一方に対する武力攻撃が、自国の平和及び安全を危うくするものであることを認め、自国の憲法上の規定及び手続に従って共通の危険に対処するように行動することを宣言する。

前記の武力攻撃及びその結果として執ったすべての措置は、国際連合憲章第五十一条の規定に従って直ちに国際連合安全保障理事会に報告しなければならない。その措置は、安全保障理事会が国際の平和及び安全を回復し及び維持するために必要な措置を執ったときは、終止しなければならない。）

この条文を読んで、アメリカが自動的に、かつ無条件に日本を守ると解釈する人間は、相当のお人《ひと》好《よ》しであろう。《いずれか一方に対する武力攻撃が、自国の平和及び安全を危うくするものであることを認め》というのはわかる。「日本への攻撃はアメリカへの攻撃」と解釈できる。しかし、その次に《自国の憲法上の規定及び手続に従って》とある以上、自動参戦などということはありえないと解釈できる。

つまり、アメリカ議会が反対した場合、日本は見捨てられる可能性があるということだ。もちろん、状況にもよるが、アメリカは日本国内にある基地と兵士と家族、大使館などの施設は守るので、それが日本の防衛に結びつくことがある。しかし、アメリカが日本のみを攻撃する国が出現した場合、その国に自動参戦するであろうか？

この疑念は、日本政府によっては最大の関心事である。もちろん、日本国民にとってもそうである。だから、政府はこれまでに何度も、公式、非公式に確認を行ってきた。近年では２００４年（平成16年）の日本プレス・クラブでの記者会見で、アーミテージ国務副長官（当時）が、「条約は、日本あるいは日本の施政権下にある領土に対するいかなる攻撃も、米国に対する攻撃とみなされることを定めている」と述べている。

また、尖閣諸島問題が激化した際の２０１０年（平成22年）10月、ヒラリー・クリントン国務長官（当時）は、「この（尖閣諸島の）島々が日米安保条約の義務、日本を守る義務の一部であることに関しては、以前から明白です」と述べている。

しかし、これらの言質が実際に実行されるかどうかは、そうなってみないとわからないとしか、言いようがない。もし、日本と中国との間に戦争が起こったとしたら、間違いなく実行されないだろう。

日米地位協定が奪っている日本の主権

これまでの歴史の教訓は、〝条約は常に守られるとは限らない〟である。アメリカは別として、ロシア（旧ソ連）、中国が条約を守ったことがあっただろうか？　しかも、表の条約とは別に、国と国には密約も存在する。

そこで、日米安保条約が必ずしも守られないという前提で考えると、この条約はいちじるしく日本の主権を規制し、日本の属国性を固定化している。

なぜなら、第六条では、次のように日本におけるアメリカ軍の位置づけが明確化されているからだ。

《Article 6

For the purpose of contributing to the security of Japan and the maintenance of international peace and security in the Far East, the United States of America is granted the use by its land, air and naval forces of facilities and areas in Japan. The use of these facilities and areas as well as the status of United States armed forces in Japan shall be governed by a separate agreement, replacing the Administrative Agreement under Article III of the Security Treaty between Japan and the United States of America, signed at Tokyo on February 28, 1952, as amended, and by such other arrangements as may be agreed upon.》

（第六条　日本国の安全に寄与し、並びに極東における国際の平和及び安全の維持に寄与するため、

【図表1】アメリカ軍が管理している横田空域

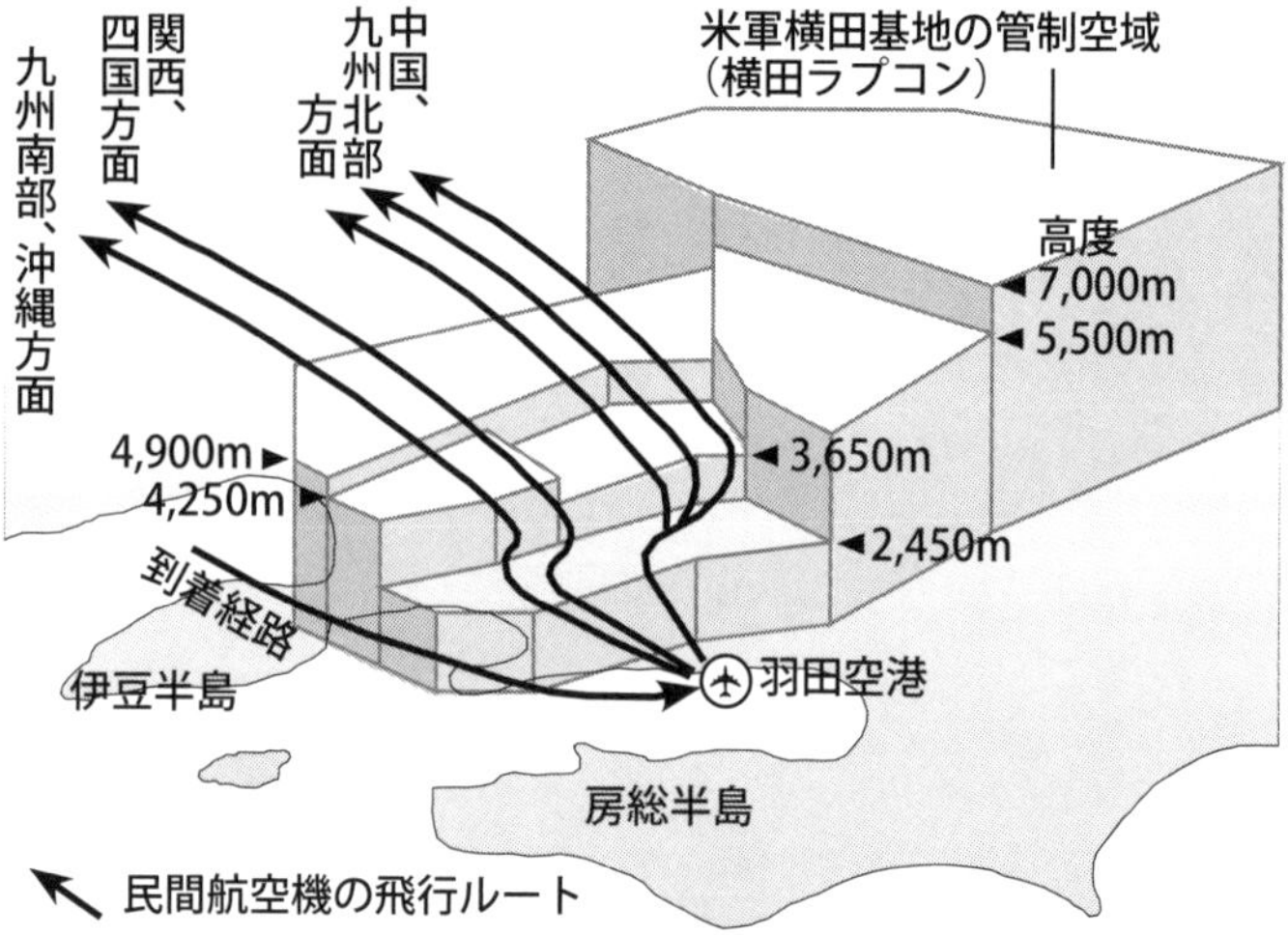

横田空域は、羽田空港や成田空港から西日本や中国・韓国方面へ向かう民間航空機の飛行ルートに目に見えない壁となっている。

アメリカ合衆国は、その陸軍、空軍及び海軍が日本国において施設及び区域を使用することを許される。

前記の施設及び区域の使用並びに日本国における合衆国軍隊の地位は、千九百五十二年二月二十八日に東京で署名された日本国とアメリカ合衆国との間の安全保障条約第三条に基づく行政協定(改正を含む)に代わる別個の協定及び合意される他の取極により規律される。)

この第六条が示しているように、アメリカ軍の日本での地位は《行政協定(改正を含む)に代わる別個の協定及び合意される他の取極により規律される》となっている。

つまり、安保条約以上に、日本の属国としてポジションを明確にしているのが、行政協定が改正されてできた「日米地位協定」

(U.S.–Japan Status of Forces Agreement、ＳＯＦＡ）である。正式名称は、「日本国とアメリカ合衆国との間の相互協力及び安全保障条約第六条に基づく施設及び区域並びに日本国における合衆国軍隊の地位に関する協定」と、とんでもなく長い。

ただ、簡単に言えば、アメリカは日本において、日本国の法律に規制されないということを述べているにすぎない。

たとえば、日本国の主権が及ばない「空」が、日本の領土の上にある。ここは、日本の民間航空機は飛べないことになっている。羽田《はねだ》空港を利用された方なら知っていると思うが、九州や関西など西から羽田に向かう飛行機は、そのまま羽田空港に一直線に向かわず、グルッと千葉方面から回り込んで高度を下げて着陸する。これは、入ってはいけない空域が首都圏上空に存在するからだ。

この空域は「横田《よこた》空域」と呼ばれ、その管理はアメリカ軍（横田基地）が行っている。横田空域と言うから基地の上だけかと思いがちだが、じつは神奈川県、静岡県から新潟県まで1都8県にまたがり、最高高度は2万3000フィート（約7000メートル）にも達している。

さらに横田基地に関して言えば、この基地が東京近郊にあることは決定的に重要だ。横田基地以外にも首都圏にはアメリカ空軍の基地がいくつかあり、横須賀《よこすか》はアメリカ海軍の軍港となっている。

これがどんな意味を持つか、考えられたことがおありだろうか？　ある国の首都をぐるりと取り囲むように、外国の軍隊の基地があるのだ。これは、日本政府がもしアメリカの意向に逆らった場合、あっという間に軍事制圧できるということである。

日本の法律が適用されない「治外法権」

『本当は憲法より大切な「日米地位協定入門」』（前泊博盛、明田川融、石山永一郎、矢部宏治、創元社、２０１３）という本がある。この本は、本当にわかりやすく、日米地位協定によって日本がどのようにアメリカの属国となっているかをまとめている。なにより「一問一答形式」で書かれているので、解説は具体的であり、それを読めば誰にでも理解できる。

では、この本の題名に、なぜ「本当は憲法より大切な」が付けられたのだろうか？　私は、これは極めて意図的であり、その意味するところは、憲法などいくらいじくっても日本の主権は回復できないということではないかと思った。

安保と地位協定がある限り、日本は主権国家にはなれないからだ。

日米地位協定は28条まであるが、やはりいちばんの問題は、アメリカ軍には日本の法律が適用されないという「治外法権」である。明治期の日本は、アメリカなど欧米列強と結んだ不平等条約の改正に苦しんだ。これと、日米地位協定は同じだということである。

アメリカ軍は世界各地に展開しているが、日本との間の地位協定は、他国と比べて著しく日本に不利になっている。アメリカは１９４７年（昭和22年）に独立させたフィリピンとの間に軍事協定を結んでいるが、アメリカ軍が使用できる基地、拠点名は明記されている。しかし、日米地位協定では基地の名前や提供する期間といった具体的な内容は明記されていない。

イタリア、ドイツは日本と同じ第二次世界大戦の敗戦国である。アメリカ軍はこの二国にも基地を置いているが、イタリアの場合、軍事訓練や演習を行う場合には必ずイタリア政府・軍の許可を得るようになっている。ドイツの場合は、１９９３年（平成5年）に大幅な地位協定の改正が行われ、アメリカ軍機にはドイツの国内法が適用されることになった。また、基地使用による環境保全の責任はアメリカが持つことになった。つまり、イタリア、ドイツは基地使用に関する限り主権を回復しており、日本だけが回復していないということになる。

第2章でも述べたように、ＳＦ平和条約には日本語の正文がない。では、安保と地位協定はどうだろうか？『本当は憲法より大切な「日米地位協定入門」』は、このもっとも大切な問題を、次のように書いている。

《サンフランシスコ講和条約をはじめ、安保条約、地位協定には英語の「正文」と日本語の「訳文(仮訳)」しかない。つまり日本語の「正文」がない。ということはその「条文」の解釈権が永遠に外務官僚の手に残されるということである。吉田内閣はサンフランシスコ講和条約の交渉に向けて「国会や世論のチェック機能に頼ることを自分から拒否した」ことで「アメリカ依存の秘密外交の道」が転がっていくことになる。

戦後日本のもっとも重要な基礎であるべきサンフランシスコ講和条約に日本語の正文が無かった事。そして講和条約に入れられないほどひどい条文は、国民の目に触れられない形で安保条約に入れられ、さらに安保条約に入れられないほど売国的な条文は日米行政協定（地位協定）に押し込めた。戦後日本の国際社会への復帰は、そうした何重もの隠蔽《いんぺい》の上に行われたものだった。》

第5章

たった43年間だけの独立国家　1902―1945

「明治維新」「日中戦争」の歴史認識は間違い

この章では、一般の日本人が持っている近代歴史観が、いかに偏《かたよ》っているか、あるいはファンタジーであるかを、「国家とはなにか?」という観点から正していきたい。

これまで述べてきたように、SF平和条約で日本が「再独立」(=主権回復)をはたしたという事実はない。したがって、いくらそう教えられてきたとはいえ、それは間違った歴史認識ということになる。

とすれば、いったいいつから日本は独立国家となり、その独立を維持してきたのだろうか? アメリカに戦争で敗れるまでの日本は、本当に独立国家だったのだろうか? ということが問題になる。

結論から言ってしまえば、この点においても、日本の歴史教科書はいくつかの大きな誤りを犯している。最初の誤りは、「明治維新」を、欧米的な「近代国家」(modern state:モダンステート)の成立としてしまったことだ。のちに詳述するが、ここで起こったことは、幕府から明治政府への政権交代であり、近代国家の成立ではない。明治政府はできたものの、日本は欧米諸国から、まだ自分たちと同じような国家としては扱われていなかったからだ。

時代が下って、「盧溝橋事件《ろこうきょう》」、「支那《しな》事変」が起こった1937年(昭和12年)から日本が連合国に敗戦する1945年(昭和20年)までをまとめて「日中戦争」としているが、これも問題だ。なぜなら、これは戦争ではないからだ。

支那事変が勃発した当時、中国には、日本が宣戦布告をして戦うような国家はなかった。アジアにおいては、「大日本帝國」だけが、近代国家だったからだ。支那事変は、そうした日本と、まだ国家とは言えない中国の一つの政権との単なる「軍事衝突」（conflict：コンフリクト）にすぎなかったのだ。ただし、第二次世界大戦が起こってからは、日中紛争はそのなかの一部の戦争ということになってしまった。しかし、日本が戦った相手はあくまで蔣介石の中華民国・国民党軍であり、毛沢東の中華人民共和国・人民解放軍ではなかった。実際、毛沢東は「日本のおかげで国民党軍に勝てた」と日本に感謝し、ある意味で正しい歴史認識を持っていた。

しかし、日本の歴史教科書は、日中のこうした歴史について詳述を避けているばかりか、日本が中国を「侵略した」という史観で貫かれている。歴史の皮肉で、中華人民共和国が中国の歴史を引き継ぐ〝正統政権〟となったとはいえ、彼らの反日プロパガンダにのせられすぎていると言えるだろう。

とくに「南京事件《ナンジン・インシデント》」（南京大虐殺《だいぎゃくさつ》）に関しては、史実として確認できるのは、これが１９４７年（昭和22年）の「東京裁判」「南京戦犯裁判軍事法廷」で取り上げられたことだけで、事件そのものは、いまだに諸説あって事実認定できていないことだ。日本軍による市民への暴行、殺傷はあったかもしれないが、それが集団的な大虐殺であったかどうかは、タイムマシンでもできない限り検証できない。

私は、娘が一時、ジョンズ・ホプキンズ大学ＳＡＩＳ南京センターで学んでいたこともあり、たびたび南京市に行った。そのとき、南京市内の史跡を歩き、大虐殺記念館にも足を運んだ。しかし、記念館にある資料はつくられたものかコピーばかりで、展示されている人骨はレプリカであり、なにかすべてがフィクションにしか思えなかった。

２０１７年（平成29年）現在で、日本の高校の歴史教科書８社のうち数社のものが、南京事件を、日本の「国際法違反」による市民虐殺事件として記述している。

とはいえ、歴史的事件の記述においては、日本の歴史教科書に勝る教科書は、世界にはないだろう。いくら、歴史認識に偏りがあるとはいえ、中国や韓国の教科書と比べたら、はるかに客観的である。

中国や韓国の歴史教科書は、とくに近代史において、客観性などまるで無視している。そこにあるのは、世界に通用しない自国中心史観で、まさにファンタジー、妄想としか言いようがない。

このように、近代史における歴史認識はバラバラだが、「近代国家、独立国家とはなにか？」という視点に立てば、歴史は連続性を持って見えてくる。

「元号」による時代区分は歴史認識の弊害に

日本の近代国家としての歴史を見ていく前に、一つだけ、やっておかなければならないことがある。それは、私たちがたどってきた近代史を「明治時代」「大正時代」「昭和時代」「平成時代」と「元号《げんごう》」（年号）で区分して捉えるのをやめることだ。

なぜなら、このような時代区分は日本以外ではまったく通用しないし、歴史を連続した物語と捉えれば意味をなさないからだ。このような時代区分で歴史を捉えると、その時々の出来事の意味を見失ってしまう。

日本に住んでいるか、日本に特別な興味を持っている人間をのぞいて、日本の元号を知っている外国人など、まずいない。実際、私自身、会ったことがない。

たとえば、「明治時代」（１８６８年～１９１２年）というのは、単に明治天皇が即位してから崩御《ほうぎょ》するまでの期間であり、そのような一つの時代があったわけではない。天皇が崩御したからといって、そこで時代が大きく変わったわけではない。元号は日本人にとっては重要かもしれないが、他国の人間にとっては意味がない。

英国も王家があるから、たとえば「ヴィクトリア王朝時代」（Victorian era：１８３７年〜１９０１年のヴィクトリア女王の時代）と呼ばれる時代が存在する。しかし、日本人には、その時代がどんな時代なのかイメージできない。

つまり、このような君主の治世《ちせい》による時代区分から脱しないことには、私たちは自分たちの歴史を、世界史のなかで位置付けることができなくなる。とくに、近代史においては、元号を外して見るようにすべきだ。

元号は天皇と切っても切り離せないものだ。しかし、現在の天皇は政治権力を持っていないので、元号で時代を区切っても、区切ったことにならない。元号を変えて、人心を一新しても、新しい時代が来るわけではない。

もちろん、私は元号を否定しているわけではない。ただ、平成が30年で終わり、２０１９年からは新しい元号になることが決まっている現在、歴史を元号から離れて見るべきだと言いたいだけだ。

それでは次に、日本の近代が始まったとされる幕末から現代まで、学校で教えられる歴史的出来事を列記してみよう。

・ペリー来航（２６０年間続いた鎖国から開国へ）

・幕末の動乱（尊王攘夷《そんのうじょうい》から倒幕へ）
・明治維新（明治政府の成立、近代国家の誕生）
・日清戦争（清国を破り台湾など初の海外領土獲得）
・日露戦争（ロシアを破り列強の仲間入り）
・満州事変（満州国建国、国際連盟脱退）
・支那事変（日中戦争の開始）
・大東亜・太平洋戦争（三国同盟から対米英開戦へ）
・第二次大戦敗戦（原爆投下、敗戦）
・アメリカ占領時代（ＧＨＱによる戦後の民主改革）
・サンフランシスコ平和条約（日本〝再〟独立）
・東京オリンピック（戦後の奇跡の復興の到達点）
・高度成長時代（世界第2位の経済大国へ）
・バブル経済とその崩壊（１９８５年に国力はピークに）
・冷戦終結で経済低迷（経済成長一辺倒からの転換）
・阪神淡路大震災（55年体制も崩壊）
・長期低迷、人口減社会（デフレ不況、財政危機）

ここでは、あえて「明治・大正・昭和・平成」という元号を用いて、出来事を区分しなかった。もし用いるなら、ペリー来航時の「嘉永《かえい》」から始まるので、「明治」までに「安政《あんせい》」「万延《まんえん》」「文久《ぶんきゅう》」「元治《げんじ》」「慶應《けいおう》」を並べていかなければならない。しかし、いまの日本人で、明治以前の年号を言える人が、どれだけいるだろうか？

元号抜きで、ただこうして大きな出来事を並べれば、素直に、どのように歴史が流れてきたのかがわかると思う。

日本が近代独立国家になったのは1902年

ここで再び、歴史教科書『山川日本史』を見てみることにしよう。この教科書は日本史全体を「第1部　原始・古代」「第2部　中世」「第3部　近世」「第4部　近代・現代」の4部に分けており、「第4部　近代・現代」の始まりの章の第9章を「近代国家の成立」としている。そして、この「近代国家の成立」の章は、「開国と幕末の動乱」「明治維新と富国強兵」「立憲国家の成立と日清戦争」「日露戦争と国際関係」などを経て明治時代が終わるとともに終幕し、次に「第一次世界大戦と日本」で始まる「第10章　近代日本とアジア」に引き継がれる。

この時代区分は、間違っていないというか、至極《しごく》当然である。ただし、「近代国家の成立」がいったいどの時点のことを言うのかはっきりしていない。近代国家が、開国日本が目指した「欧米列強」(Western Powers) のような近代独立国家のことを言うなら、それがどの時点で成立したのかはっきり書かれていない。

一般的に、現在につながる日本は、開国と幕末の動乱を経て、1868年の明治新政府の発足でスタートしたと考えられている。つまり、現代まで続く近代国家・日本は明治新政府によって成立したというわけだ。しかし、それは〝かたち〟のうえだけのことで、初期の明治政府はとても近代独立国家とは呼べなかった。

日本が本当の意味で、近代独立国家となったのは、1902年（明治34年）である。こうはっきりと規定すべきというのが、ここでの私の主張だ。

なぜなら、それまでの明治政府は、近代独立国家として〝必要とされる条件〟を備えていなかったからである。それでは、必要とされる条件とはなんだろうか？

1902年というのは、日本と「大英帝国」（British Empire）の間の軍事同盟「日英同盟」（Anglo-Japanese Alliance）が成立した年である。この同盟成立は決定的に重要で、その意味するところは、当時の世界帝国（世界覇権国）の英国が日本を国家として正式に認めたことだからだ。つまり、独立国家というのは、ほかの国、とくに大国から国として認められなければ、国とは言えない。その意味で、同盟締結は大英帝国が日本を認めたことになるので、ここをもって「近代独立国家・日本の成立」とすべきである。

当時の日本は、「大日本帝國」と称していた。

英語で言うと「グレート・ジャパニーズ・エンパイア」（Great Japanese Empire）となるが、「エンパイア・オブ・ジャパン」（Empire of Japan）、あるいは「インペリアル・ジャパン」（Imperial Japan）と称することもあった。

政治的、歴史的な定義によると、「帝国」（empire：エンパイア）とは、必ずしも皇帝や王が支配する国ではなく、次の二つの要素を満たした国家のこととされる。

一つは、国外のあらゆる権力から独立していること。もう一つは、複数の国を支配下においていることだ。

この地球上では、これまで数多くの帝国が出現しては消えてきた。古くは、ローマ帝国やモンゴル帝国、近代になるとスペイン帝国や大英帝国などの例がある。また、定義には当てはまらない弱小国家が、帝国を自称する例もあった。

では、当時の日本は、この定義のどちらに当てはまるだろうか？

大日本帝國の歴史は、明治維新から始まるが、このときの日本は、言うまでもなく定義には当てはまらない弱小国家だった。欧米列強に対抗するために、「自分たちも帝国（エンパイア）だ」と尊大に自称したにすぎない。

日英同盟の締結を記念してつくられた絵葉書：前年に即位したエドワード7世の戴冠式（1902年8月9日、盲腸炎で延期されていた）への祝辞が書かれている。

それが、1890年（明治22年）に「大日本帝國憲法」を施行するにあたって、正式に「大日本帝國」という国名を称するようになった。ただし、国名に「大」の字を冠するのは尊大すぎるという意見も根強く、外交文書などでは単に「日本」「日本國」と称していた。しかし、この大日本帝國は富国強兵で国力を充実させ、その後、日清戦争によって清国に勝利し、対外領土を持つようになった。

また、「脱亜入欧《だつあにゅうおう》」により、欧米列強が持つ社会システムと法を整え、次第に欧米列強と同じような近代独立国家に近づいていった。そうして、1902年、ついに英国がこの日本を国家として認めるに至って、本当の近代独立国家となったのである。

したがって、ここを日本の近代国家の成立としなければ、日本の本当の姿は見えてこない。

不平等条約を結んだ国は独立国家たりえない

はっきり言ってしまうと、明治維新は欧米列強、とくに英国による日本改造だった。ここで初めて、日本に西洋式の政治体制の基盤がつくられたと言えるだけである。なぜなら、当時、欧米列強は日本を自分たちと同じような国家とは、露《つゆ》ほども考えていなかったからだ。

彼らから見れば、当時のアジアには国家など一つもなかった。日本は、東洋の端《はじ》（極東＝Fareast：ファーイースト）に位置する島々であり、そこには文明から遅れた住民たちがいるにすぎなかった。

それが、19世紀の半ば、中国へのゲートウェイとして、欧米列強にとって初めて重要な戦略拠点になった。それで、欧州がクリミア戦争にかまけている間に、アメリカからマシュー・ペリー提督《ていとく》が、東アジア艦隊を率いて来航した。ペリーはアメリカから直接やって来たのではなく、インド洋経由で東洋の東の端にある日本にやって来たのである。

ペリーは、門戸《もんこ》解放、通商の自由を求め、自由競争と自由経済、それを可能にする近代法などの概念を日本に押しつけてきた。

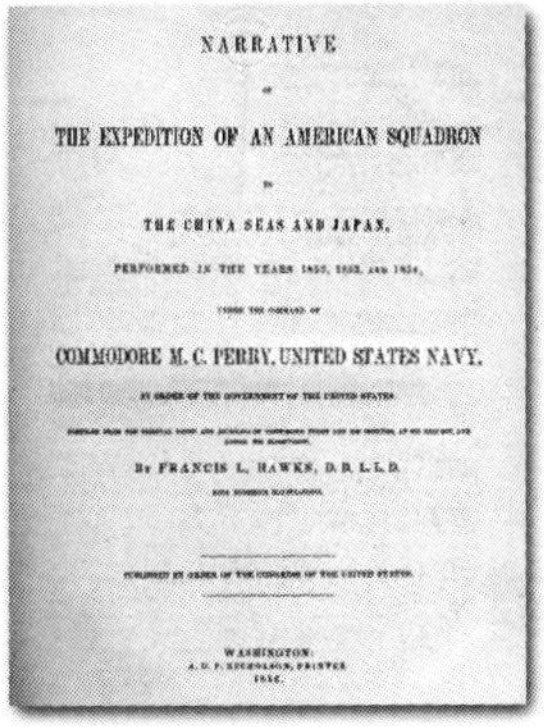
NARRATIVE

THE EXPEDITION OF AN AMERICAN SQUADRON

THE CHINA SEAS AND JAPAN,

COMMODORE M. C. PERRY, UNITED STATES NAVY.

By FRANCIS L. HAWKS, D.D. L.L.D.

WASHINGTON:

『The official Narrative of the Perry mission』（ペリー提督日本遠征記）のタイトルページとペリー艦隊の旗艦「ポーハタン」
出典：NavSource Online："Old Navy" Ship Photo Archive

ペリー以前にも日本にはビッドルやグリンがやって来ていたが、ペリーは彼らより大物で、なんといっても4隻の黒船（蒸気戦艦）の威力は大きかった。ペリーは「友好に訴えるより恐怖に訴えるほうが有効」（これを英語ではgunboat diplomacy「砲艦外交」と呼ぶ）と考えていた。当時の江戸の町は、海から攻められることを想定していなかったため、黒船の砲撃には無防備と言ってよかった。江戸幕府は、西国大名だけを警戒し、陸戦から江戸城を守る体制しか持っていなかった。

つまり、黒船来航は日本の安全保障の盲点を突いた出来事で、日本はその力（パワー）に屈するほかなかった。

ただし、『ペリー提督日本遠征記（上・下）』（角川ソフィア文庫、２０１４）などの公式資料をひもとくと、ペリーは１８５４年の２回目の来航時、交渉が決裂した場合に武力を行使していいという許可を、フランクリン・ピアース大統領からえていなかった。つまり、彼の脅《おど》かしはハッタリだったのである。また、当時のアメリカ海軍は英仏などの海軍に比べたらはるかに劣っており、現在の世界一のアメリカ海軍とは雲泥《うんでい》の差があった。

それでも日本は開国を決めざるをえず、アメリカとの間に通商条約（貿易協定）を結ぶことになった。約4年の交渉期間をへて1858年（安政5年）に「日米修好通商条約」が結ばれ、日本は横浜をはじめとする5港を開港した。

それから約90年後、日本はふたたびアメリカの武力に屈し、1945年9月2日、東京湾に入った米戦艦ミズーリ艦上で降伏文書に調印した。このとき、ミズーリ艦上にはためいていた星条旗は、ペリーの第2回来航時の旗艦ポーハタン号に掲げられていた星条旗だった。

日本がアメリカと結んだ通商条約は、いわゆる「不平等条約」だった。この不平等条約というのが曲者《くせもの》で、これがあったから、日本は独立国家にはならなかったのだ。

不平等条約は、簡単に言うと三つの不平等から成っていた。一つ目は、「関税自主権」（tariff autonomy）がないということ。二つ目は、「治外法権」（extraterritoriality）。三つ目は、「最恵国待遇」（most-favored-nation treatment）である。

では、どのように不平等なのか？　順に説明してみたい。

日本が強要された三つの不平等とは？

一つ目の関税自主権がないということは、たとえば日本が外国からモノを輸入すると、それに対して税金をかけられない。そのモノが1000円なら、そのまま1000円となる。ところが、日本から輸出するモノに、相手国は自由に関税をかけられる。日本で1000円のモノに相手国が100パーセントの関税をかけたとすれば2000円になってしまう。となると、誰もそんなモノは買わないだろうから、日本製品は圧倒的に不利になり、安い外国のモノが入ってくれば、その産業は壊滅的な打撃を受けることになる。

私のような世代（筆者は1952年生まれ）なら知っているが、かつて外国製のウィスキーなどには高額の関税がかけられたため、すべてが高級酒だった。アメリカでは価格12、13ドルと一般的なバーボン「アーリータイムズ」（750ミリリットル）は、日本では約5000円もした。しかし、こうした関税によって、日本の酒類産業は守られたのである。

ところが、当時の日本は、関税の比率を独自に決める権利が与えられなかった。アメリカとしては、まだ近代法も国際貿易も理解できない人間たちに、そんな権利を与えるわけにはいかないと考えたのだろう。

話は飛ぶが、トランプ大統領ほど時代錯誤で、〝関税という武器〟を振り回すリーダーはいない。中国との貿易不均衡が気に入らないと「中国製品に45パーセントの関税をかける」と息まき、「NAFTA」（北米自由貿易協定）も「交渉し直す」としてしまう始末である。関税自主権とは、このように国家主権の根幹をなすものである。ちなみに、当時の清朝《シンチアオ》も欧米列強に関税協定権を認め、関税自主権を失っていた。

二つ目の治外法権は、外国人が日本で犯罪を犯しても日本の法律で裁けないということだ。これは、「領事裁判権」（consular jurisdiction）とも言い、これがあると、たとえばアメリカ人が日本で犯罪を犯したら、日本の裁判官が裁くのではなく、アメリカ領事がアメリカの法律で裁くことになる。つまり、領事裁判権を認めることは国家主権がないことを意味する。ここにおいても当時の日本は国家ではなく、欧米から見れば、世界のなかの一つの「リージョン」（地域）にすぎなかった。

三つ目の最恵国待遇とは、外交関係において、もっとも恵まれた条件の関係を与えられることを言う。この最恵国待遇は片務的（一方通行）だった。日本はこれをアメリカに与えてしまったのである。具体的に言うと、日本がアメリカ以外の国、たとえば英国やフランスと、アメリカと結んだ条約より有利な条件で条約を結んだ場合、自動的にアメリカともその条約を結んだことになるということだ。しかし、片務的なのだから、アメリカが英国やフランスと有利な条約を結んでも、日本にはその有利な条件は与えられない。これもまた、日本に主権を認めないということに等しい。

第2章、第3章で述べたように、SF平和条約、日米安保条約、日米地位協定は、日本の主権を限定的にしている。つまり、不平等条約である。

だから、明治の日本は、この不平等条約の改正に、外交の全精力を注いだ。それは、先人たちの涙ぐましい努力であり、独立を勝ち取るための戦いだったとも言える。

このことからわかるのは、いかに国際条約が重要かということだ。これを武力なしに改正するのは至難《しなん》の業《わざ》であり、このことは現在においてもほぼ変わらない。このような不平等条約を押し付けられてしまえば、その国はたとえ国のかたちを持っていても、それは「属国」「従属国」にすぎなくなる。

したがって、幕末から明治期の日本は、主権を持つ国家ではなかった。この不平等条約がほぼ解消されるのが19世紀末であり、それが達成できたから1902年に日英同盟が成立したのである。

近代国家は他国の承認があって成立する

前述したように、国家とはほかの国に認められなければ国家たりえないことになっている。それは、国際社会には国家の上に立つ統治機構（世界政府のようなもの）がないので、ある国が国家として認められるためには他国からの「承認」(diplomatic recognition) が必要とされるからだ。

他国といっても、弱小国家では意味がない。国際社会に大きな影響力を持つ国家の承認が必要だ。つまり、かつての大英帝国、現在のアメリカのように、世界覇権を持っている国の承認がえられて、初めて独立国家たりえる。

だから、勝手に「われわれは国家だ」と宣言しても、それだけでは国際社会は認めない。現在、日本では、シリアとイラクの一部を実効支配した「ＩＳ」(Islamic State) を「イスラム国」と呼んでいるが、これは誤解を招く表現だ。

中華人民共和国は１９４９年に、北京で毛沢東が「建国宣言」を行ったが、アメリカをはじめとする西側諸国はこれを承認しなかった。したがって、中国は１９７１年（昭和46年）の国連加盟承認までは国家と言い難い。

それでは、ある国が成立した場合、なにを以《もっ》て国家として承認すればいいのだろうか？

国際法には、このことに関するはっきりした規定はない。ただ、慣習上は次の三つの条件が必要とされてきた。これは、19世紀後半のドイツの法学者ゲオルク・イェリネックが唱えたもので、彼は、最低限の「国家としての要件」として次の三つを挙げた。

（1）ある程度以上確定された一定の領土を持つこと

（2）国民が存在すること

（3）統治機構を持ち実効的支配をしていること

時代は下って、1933年（昭和8年）に結ばれ1934年（昭和9年）に発効した「モンテビデオ条約」（Montevideo Convention）では、もっと明確に国家を定義している。モンテビデオ条約は、正式には「国家の権利及び義務に関する条約」（Convention on Rights and Duties of States）と言い、全部で16条から成っている。その第一条で、「国家の要件」を以下のように定めている。

（1）永久的な住民がいること
（2）明確な領域を持つこと
（3）領域を統治する政府があること
（4）他国と関係を取り結ぶ能力があること

つまり、モンテビデオ条約は、前記したゲオルク・イェリネックの3条件に、「他国と関係を取り結ぶ能力があること」（外交当事者能力）を追加している。

この他国との関係を取り結ぶ能力ということは、平たく言えば「外交能力」である。外交を行うのは、主権国家を代表する政府である。つまり、不平等条約を解消したことによって、日本は外交能力があると認められたことになる。

では、外交とはなんだろうか？　これは単に外国と付き合うことではない。国家の集まりが形成する国際社会で、軍事・経済・政治などの問題に関して、交渉活動を行うことである。これが、主権を持って自由にできるかできないかで、国家の命運は決まると言っていい。

「攘夷」から「倒幕」に変わった二つの事件

それでは、このような視点から、再度、日本の近代史の黎明期《れいめいき》を振り返ってみたい。

関税自主権がないうえ治外法権を受け入れた幕末の開国は、丸腰で世界に放り出されるようなものだった。だから、「夷人《いじん》（外国人）を攘《はら》う」ための攘夷《じょうい》運動が起こった。ナショナリズムというのは、外部の敵があって初めて燃え盛るが、この時期の日本はまさにその状態にあった。

そしてこの時期、日本人にとって重要な二つの出来事が起こっている。

その一つは、１８６３年（文久3年）の「薩英《さつえい》戦争」である。これは、英国が言うところの「Richardson Act」（リチャードソン・アクト：生麦《なまむぎ》事件）に怒った英国が、艦隊を鹿児島に差し向け、錦江湾《きんこうわん》に入って薩摩《さつま》藩を砲撃したという「事件」だが、これを日本の歴史教科書は「戦争」と記述してしまっている。しかし、これは戦争ではない。くどいが、戦争は国家同士が行うものだ。

したがって、薩英戦争は英語では「Bombardment of Kagoshima」（鹿児島砲撃事件）としている。薩英戦争をそのまま訳して、「Anglo-Satsuma War」としているものもあるが、もし、そんなことを英語圏の人間に言ったら、「なんだ、それは？　英国は日本とそんな戦争なんかしていない」と笑われるだけだ。英国と清国との戦争である「阿片《あへん》戦争」は「First Opium War」、あるいは「First Anglo-Chinese War」と呼ばれ、これは戦争と認知されているが、薩英戦争は英国による地方の大名《だいみょう》政権への見せしめ懲罰《ちょうばつ》にすぎない。

しかも、実際の戦闘はたった二日だけだった。

ただし、錦江湾に入った英国艦隊は、薩摩藩から予想外の反撃を受け、英国は日本人の戦闘能力の高さを知る結果になった。また逆に日本側は、欧米列強は逆らうとどこまでも力で押してきて、これを打ち破るのは不可能だということを悟った。ペリー来航でもそうだったように、結局は力がものを言うということを、日本側はいやというほど味わったのだ。

続いてが、同じく「下関《しものせき》戦争」と呼ばれる英仏米蘭の連合艦隊による長州藩《ちょうしゅうはん》への砲撃事件である。このとき長州藩は、薩摩藩より手痛い打撃を受け、日本は欧米列強の手強《てごわ》さをとことん思い知らされた。

だから、この二つの事件後に薩長両藩は方針を転換し、欧米列強の支配を受け入れ、その保護の下に新国家の建設を目指すことになった。これを主に指導したのが、英国であるのは言うまでもない。攘夷が倒幕に変わった理由が、まさにここにある。

欧米列強に高い授業料を払って近代化を進める

このような日本の近代史に対する見方は、日本の歴史教科書を読むより、ヘレン・ミアーズの『アメリカの鏡・日本』（アイネックス、１９９５）を読めば明確に認識できる。この本は、「日本を擁護《ようご》しすぎている」として、戦後、ＧＨＱから出版を差し止めされた本だが、欧米人の日本に対する見方がはっきりと記されている。ヘレン・ミアーズは、当時の日本について、「欧米を教師として、その生徒になることで近代国家になる道を選んだ」と、まことに的《まと》を射《い》た指摘をしている。つまり、明治という時代は、近代国家の成立ではなく、近代国家になるための黎明期《れいめいき》だったのだ。

ただし、近代国家になるためには、〝高い授業料〟が必要だった。明治新政府は、高額な報酬を払って欧米列強から「お雇い外国人」を招き、その指導の下で改革を行った。これは、欧米列強にとっては一石二鳥の旨《うま》い話だった。というのは、彼らの本来の目的は中国の権益を分ち合うことであり、そのための〝チェスの駒〟として日本を利用できたからだ。したがって、日本が払う授業料は、その後、〝血の代償〟を伴うことになったと、ヘレン・ミアーズは言う。

明治期に創設された国民軍は、本来、欧米列強から帝国を防衛するためのものだった。しかし、開国して国際情勢の荒波のなかに乗り出した日本は、海外市場獲得と安全保障のために、この国民軍を使わざるをえなくなったのである。それが「日清戦争《にっしんせんそう》」（1894～1895）だった。

この戦争は、欧米列強から見れば、生徒である日本が近代国家になるための最初の卒業試験だった。この卒業試験で日本は予想外に健闘し、見事に合格をはたした。もちろんこの勝利は、この時期、ロシアとグレートゲームを繰り広げていた英国のサポートがあったからだが、それでも合格は合格だ

日本人は意外にやる。そう欧米人は思った。欧米列強はここにおいて初めて「日本という国」を認識したと言っていいだろう。こうして、英国をはじめとする欧米列強は、彼らの忠実な生徒、つまり〝日本人という半植民地人〟に、高校卒業程度の認定証を与えざるをえなくなったのである。それまで、世界中で市場獲得のために帝国主義政策を取ってきた欧米列強にとって、このような国民は世界のどこにも存在しなかった。

こうしてまず、治外法権が完全に解消されることになった。英国はすでに１８９４年の時点で、日本と「日英通商航海条約」を結び、日本に関税自主権を部分的に認め、最恵国待遇も相互的にしていたが、１９０２年、ついに「日英同盟」を結び、日本を仲間として迎え入れたのである。

ちなみに、欧米列強に侵略された中国では、清朝崩壊後は国と言えるものはなくなった。この地に国家が誕生するのははるか後のことで、日本と戦った蒋介石の国民党政権も毛沢東の中国共産党政権も単なる地方政権にすぎなかった。また中国は、この時期、多くの軍閥《ぐんばつ》が割拠《かっきょ》していた。

蒋介石の国民党政権が欧米列強から関税自主権を回復したのは、１９３０年（昭和5年）、北伐《ほくばつ》後に事実上の中国統一を達成した後である。しかし、治外法権については、英国が頑《かたく》なに認めなかった。認めざるをえなくなったのは、日本が太平洋戦争を始めたからだ。

欧米列強は１９４２年（昭和17年）1月になって、中国を日本に奪われてしまうのを避けるために仕方なく、蒋介石政権に対して共同租界の返還、治外法権の撤廃などを認めた。一方の日本は１９４3年1月9日に、汪兆銘《ワンチャオミン》の南京政府との間で租界還付および治外法権撤廃に関する日華新協定に調印し、欧米の租界を占領した後の同年9月、汪兆銘政権に返還している。このような経緯を見れば、当時のアジアには、日本一国しか国家が存在しなかったことがわかるだろう。

ただし、やっとのことで近代独立国家となったとはいえ、日英同盟は、日本を当時の英国の敵ロシアにぶつけるという意図を内包していた。東アジアにおいて英国の属国として振る舞えということだ。

こうして、日本はもう一度、今度は大学卒業試験に合格しなければならなくなった。それが「日露《にちろ》戦争《せんそう》」（１９０４〜１９０５）である。この日露戦争でも、日本は予想をくつがえして、大国ロシアを破ってしまった。

こうなると、日本はもはや誰もが認める一人前の国家ということになり、1911年、最後に残った関税自主権も完全に回復した。

こうして、不平等条約はすべてが解消されたのである。

ただし、この一連の過程で、私たち日本人は厳然たる事実を学ばなければならなかった。それは、欧米列強が、その主張の正当性とは違う行動様式を持っているということだった。彼らは、平和と友好を唱え、通商の自由や自由競争、条約の遵守《じゅんしゅ》を標榜《ひょうぼう》するものの、実際は現実主義（リアリズム）に基づいてパワーゲームを繰り返し、互いに争っているということだ。これを、ヘレン・ミアーズは「ロジック・オブ・イベンツ」（logic of events：事実の論理）と呼んでいる。つまり、国際法は、「リーガル・フィクション」（legal fiction：法的偽装）なのである。この法的偽装は、この21世紀のグローバル時代になっても続いている。

欧米から学んだことを実行したら……

当時の日本人の学習能力の高さは、世界でも有数だった。アジアでは抜きん出ていた。でなければ、アジアで初の独立国家などつくれない。しかし、この日本人の優秀さが、その後、徒《あだ》になってしまった。そう思えるのが、近代独立国家になった後の私たちの歴史である。

日英同盟を結び、関税自主権も取り戻して名実ともに独立国家となった日本は、その後、欧米列強から習得した帝国主義政策を独自で進めていくことになった。しかし、独立をしてみたものの、帝国の運営に関する能力に関しては、残念ながら、年季《ねんき》が足りないというか、歴史的な蓄積がなかった。しかも、明治をつくった世代は次々にこの世を去っていった。

だから、1921年（大正10年）、アメリカの圧力で日英同盟が解消されると、その後の日本の行動は、かつて欧米列強の生徒であったときとは違う、教師がいない〝孤独な戦い〟になってしまったのである。

バックに英国がいるから、日露戦争の講和でもアメリカは仲立ちしてくれ、日本に友好的な態度を取った。しかし、1921年に就任したウォーレン・ハーディング大統領は、「アメリカ・ファースト」（ちなみにトランプ大統領はこれを真似した）を唱え、ワシントン軍縮会議では日本の海軍力を米英の5に対して3とし、中国に確立した山東《シャンドン》省の権益を放棄させた。

こうした日本イジメの仕上げが日英同盟の破棄である。これにより、日本は、完全に独自で安全保障政策を立て、帝国防衛にあたらなければならなくなった。

戦後史観（自虐史観）では、満州事変《まんしゅうじへん》、支那事変以後の日本の戦いは「侵略戦争」だったということになっているが、それは大きな間違いである。日本の左翼勢力は現在の私たちにも、繰り返し「贖罪意識《しょくざいいしき》」を植え付けようとするが、それは同胞に対する敵対行為である。

なぜなら、前記したように、当時、中国には国家などなかったのだから、この地で欧米列強と勢力争いをしなければ、日本は国家としての存立基盤を失い、帝国の防衛もできなかったからだ。

だから、日本は満州、そして中国本土にまで進出した。欧米列強がこれまで世界でしてきたことを、アジアで実行してみせたのである。ところが、この日本の単独行動は、欧米列強から手痛い反撃にあった。とくにアメリカの反発は強く、１９２４年（大正13年）に「排日移民法」を成立させた後のアメリカは、なぜか中国に同情的になった。こうしたなか、欧米列強の行動様式である「事実の論理」を、日本はうまく活用することができず、次第に孤立を深めていった。日本人は真面目すぎるのか条約を常に尊重して上手に振る舞えず、さらに列強の一員になったことで慢心してしまったとしか言いようがない。

　こうして、中国大陸における戦線は拡大を続け、収拾がつかなくなってしまった。第一次大戦後、世界の覇権が英国からアメリカに移ったことを認識すれば、中国におけるアメリカの利権を侵《おか》すことは間違いだった。この世界最強国と戦争をするということは、帝国の滅亡を意味していたからだ。

　満州事変、支那事変を振り返ると、そのどこかでアメリカと妥協する道はなかったのかと思う。すでに私は拙著『日本が2度勝っていた「大東亜・太平洋戦争」』（ヒカルランド、２０１４）で、このことを克明に述べている。日本が独立を失う、すなわち太平洋戦争でアメリカに敗戦するまでのプロセスを振り返ると、このことは悔やんでも悔やみきれない。

　たとえ、いくらアメリカから挑発されたとはいえ、真珠湾《パールハーバー》を攻撃して戦端を開いたことは間違いだった。独伊と結んだ「三国同盟」（Tripartite Pact）は、日英同盟以後、日本が初めて結んだ軍事同盟だったが、その本当の目的はアメリカの参戦を防ぐということだったからだ。

　しかし、日本は単独でアメリカに宣戦布告し、中国及びアジア地域で英蘭には圧勝したものの、太平洋戦争でアメリカに敗れて、原爆による懲罰を受けてしまった。ヒトラー・ドイツがアメリカに仕方なく宣戦布告したのは、日本の真珠湾攻撃から４日後の１９４２年12月11日である。

こうして、1945年の敗戦によって、日本は再び国家ではなくなったのである。

明治の英国の位置に戦後はアメリカがついた

このように私たちが歩んできた歴史は、近代国家になるための苦悩の歴史である。このことを認識しない限り、日本の未来は拓《ひら》けない。そこで、ここでもう一度、日本の近代国家としての道のりをまとめてみると、次のような時代区分になる。

（1）近代国家成立以前（江戸幕府の統治が揺らぐ1853年のペリー来航まで）
（2）欧米列強の半植民地時代（ペリー来航から1902年の日英同盟成立まで）
（3）近代国家として独立後の帝国主義時代（1902年から1945年の第二次世界大戦敗戦まで）
（4）アメリカ占領統治時代（1945年から1951年のサンフランシスコ平和条約まで）
（5）アメリカ従属国家時代（1951年から現代まで）

こうしてみれば、日本が独立国家だったのは、1902年から1945年までの間、たった43年間だけとなる。この事実が意味するところは限りなく大きい。

さらに、ここで再度、想起してほしいのは、明治期の日本が英国のサポートにより近代国家になれたということである。英国は中国の権益を維持し、南下するロシア帝国を牽制《けんせい》するために、日本と同盟を結んだ。当時の英国は七つの海を支配する海洋帝国であり、文字通り世界覇権を持っていた。

この状況で、明治期の日本人が英国をいちばんの教師として国家運営を学ぶことは、それなりに合理性があった。しかし、その同盟がなくなった後の歴史の教訓は、日本のような地域覇権しか持たない国が単独で行動してはいけないということだ。

これを、現代の状況に置き換え、集団的自衛権の行使の問題、憲法改正問題としても、その本質はここに行き着いてしまう。

したがって、第二次大戦後、なにもかも失った日本人が、今度はアメリカを教師として受け入れたことには、たとえそれが強制的であろうと、それなりの合理性がある。

端的に言えば、明治期の英国の位置に、第二次大戦後はアメリカがついたのである。日米同盟はそれが不平等条約であろうと、日本の防衛と平和には多大な貢献をしてきた。

かつての英国が日本を対ロシアの防波堤としたように、戦後のアメリカは日本を対ソ連の防波堤とした。現在、ソ連は解体してロシアになったが、地政学的な位置は変わらない。

すでに述べたが、第二次大戦の大きな間違いは、米英がナチスドイツを叩きたいがために、ソ連を連合国側に引き込んだことだ。ルーズベルトがスターリンを甘く見すぎたことだ。結局、ドイツと日本の力を削《そ》いでみたら、ソ連がその空白を埋め出し、冷戦が起こってしまった。

こうした経緯を振り返れば、米英の主敵は日本やドイツではなく、大陸ロシアだったのである。したがって、日本が本当に戦うべき相手は、米英でなくソ連だった。ヒトラーもそれがわかっていたから、アメリカに対しては最後まで戦いを挑《いど》まなかった。

なぜ、明治期に欧米列強から、あれほど「ロジック・オブ・イベンツ」を学んだのに、ソ連ではなくアメリカと戦争してしまったのだろうか？　このことは、悔やんでも悔やみきれない日本の歴史上の大間違いである。

ところが、戦後の日本人はこうした歴史をすっかり忘れてしまっている。戦前の歴史を誤った認識で捉え、戦後はSF条約によって日本が再独立したと思い込んでしまった。

もっと認識が不足すると、日米安保を、単に「アメリカが日本を守ってくれるための条約」と解釈して、平和を貪《むさぼ》るだけになってしまった。とくに左派、左翼、護憲派は口では反米を唱えながら、この状況に安住して、日本の歴史を正視しなくなった。リーガル・フィクションにすぎない憲法とSF平和条約の矛盾を顧みず、「憲法を守れ」「戦争反対」の一点張りである。

たしかに、日米安保は片務条約で、事実上、日本はアメリカ以外の国とは同盟できないことになっている。また、日米地位協定によって、米軍基地について日本は国家主権を行使できないことになっている。いまでも治外法権は生きている。しかし、この状況を改善したいなら、護憲では絶対にできない。憲法改正でも無理だろう。

さらに、もっと大きな問題がある。それは、現在の世界において、独立国家（主権を維持できる国家）の条件として、これまで述べてきた条件以外にもっと重要なファクターがあることだ。それは、核を保有するということである。次の第6章は、このことについて述べる。

もし、日本が世界のどこの国とも同盟せず、核を持たないとすれば、それは幕末期に不平等条約を強《し》いられたときと同じように、丸腰で世界に放り出されることを意味する。

第6章

冷戦と核武装と国家主権

なぜ北朝鮮は核開発を進めるのか？

ここ数年、北朝鮮は、「核開発」と「ミサイル開発」を国家の威信をかけて行ってきた。すでに、彼らが核兵器を保有しているのは間違いない。「38ノース」（ジョンズ・ホプキンス大学ＳＡＩＳの北朝鮮研究機関）などの見積りでは、広島《ひろしま》原爆級の20キロトン前後の核弾頭を載せた弾道ミサイルの保有数は現在のところ15～20発だが、２０２０年ごろまでに多ければ１００発、少なくとも50発に達するとされている。

北朝鮮の最大の敵国はアメリカであるから、彼らの悲願は「アメリカまで届く核ミサイル」（＝ＩＣＢＭ）を持つことである。２０１７年（平成29年）の一連のミサイル発射実験を見れば、アメリカ本土到達のＩＣＢＭの完成・実戦配備は、すでに時間の問題となっている。

ただ、軍事専門家によると、北朝鮮のＩＣＢＭはアメリカにとっては、言われているほど脅威ではないという。それは、発射地点が固定化されているために発見できる可能性が高いこと、また、迎撃ミサイルの開発・進化で十分に迎撃《インターセプト》できる態勢が整ってきたからだという。さらに将来的には、レールガン、マイクロウェーブ兵器、高出力レーザー兵器の開発・実戦配備により、ＩＣＢＭの無力化は可能になるという。

しかし、ＩＣＢＭが持つ欠点をある程度カバーできるのが潜水艦発射弾道ミサイル（ＳＬＢＭ：submarine-launched ballistic missile）で、北朝鮮はこの開発にも乗り出している。ＳＬＢＭは常に移動している潜水艦から発射されるため、発射地点がどこになるのかわからない。また、潜水艦は発見されなければ、どこまでも敵国の領土に近づいて攻撃が可能になる。

北朝鮮はこれまで、何度かＳＬＢＭの発射実験を行った。２０１６年（平成28年）６月の発射実験では、世界の軍事専門家の常識を覆《くつがえ》し、なんと５００キロも飛行して、日本海の日本の防空識別圏内の海域まで到達している。もはや、北挑戦の核とミサイルは確実な「脅威」となり、私たちの安全と平和は風前《ふうぜん》の灯火《ともしび》となりつつある。

ではなぜ、北朝鮮はここまで核開発、ミサイル開発を急ぐのだろうか？

それは、ここまで述べてきた歴史認識から言えば、彼らが本当の意味での自主独立国家になりたいからだ。そうして、国家の安全を確保したい。つまり、「金正恩《キムジョンウン》体制」という国体を維持していきたいと考えているからだ。

そのためには、核の力が必要なのである。現代においては、核こそが力（パワー）だから、それを持って、アメリカと対等となる。また、中国の属国からも脱することができる。

この考え方は、国家戦略上、極めて正しい。よって、仮に日本の左翼平和主義者がいくら金正恩政権と話し合い外交をし、平和的な手段で核を放棄させることを主張しても、彼らは一笑に付すだけだろう。彼らが核を放棄することはありえない。

北朝鮮は、いちおう国連加盟国である。世界の多くの国から国家として承認されている。しかし、現代では、前章で述べた独立国家の必要条件以外に、もう一つ重要な条件が加わっている。それは、言うまでもなく核兵器を保有するということだ。このことを、歴史の必然から彼らは知り尽くしている。現在では、核兵器で力を担保しなければ、外交交渉などできないのだ。

「パリ不戦条約」でも防げなかった戦争

核兵器ができて戦争の概念が変わってしまった。

核兵器ができる前までは、国家間の争いは、最後は武力をもって解決するという考え方が成立していた。「戦争は政治（外交）の延長である」と、昔から言われてきた。この概念はクラウゼヴィッツの戦略思想（『戦争論（上・中・下）』岩波文庫、1968）によるものだが、この考え方は第二次大戦終結まで続いた。

第一次大戦後、欧州各国の戦禍《せんか》があまりに大きかったため、1928年（昭和3年）に「もう二度と戦争するのをやめよう」と「パリ不戦条約」が結ばれた。これは、条約締結を進めた米仏の政治家の名前を取って「ケロッグ＝ブリアン条約」（Kellogg-Briand Pact）とも呼ばれ、国際紛争を解決する手段としての戦争を放棄し、条約締結国間では紛争を平和的手段で解決すると規定したものだった。

しかし、これは一種の理想の追求であり、条約違反に対する制裁は決められなかった。というより、決めようがなかった。つまり、これこそが「リーガル・フィクション」であり、この条約を守る国は出現しなかったため、第二次世界大戦が起こったのである。

英国は、加盟国は原則として自衛権を持つことを主張し、国境の外であっても国益が侵されたら軍事力が行使できるとした。しかも、国益がかかわる地域がどこなのかも示さなかった。世界に広大な植民地を持つ帝国としては、当然の主張だった。また、アメリカも自衛戦争は禁止されていないと主張し、自国のバックヤード（裏庭＝勢力圏）である中南米に関しては、この条約が適用されないと宣言した。

こうして、国家対国家の戦争は、第二次世界大戦まで続いたのである。

もちろん、国家対国家でない戦争、つまり「紛争」は止めようがなかった。これはいまでも変わらない。現代は「対テロ戦争」(war on terror) の時代だが、戦争の主体が国家ではないので、収拾をつけようがない。テロ組織と条約を結んでも意味がないからだ。

ところで、外交の延長として戦争が許されれば、外交交渉が決裂して戦争となった場合、必ず武力の強いほうが勝ってしまう。常に大国が小国を倒すことになる。これでは、人類世界は「弱肉強食」(rule of jungle：ルール・オブ・ジャングル) の世界になってしまい、世界の平和や秩序は保てなくなる。

つまり、戦争にもルールが必要だということで、ウェストファリア条約以来、さまざまな条約が結ばれ、それとともに国際法が整備されてきた。これを守って戦争することが、第二次世界大戦の前までの世界だった。たとえば、戦争は「宣戦布告」から開始され、その終結は「平和条約を結ぶ」ことで終わることになっていた。

しかし、核兵器ができてしまうと、こうした戦争の概念は変質した。パリ不戦条約がどうしても防げなかった戦争は、かえって防ぐことができるようになったのである。

なぜなら、核保有国同士が戦争をすれば、どちらも滅びてしまうからだ。

核兵器を持ったトルーマン大統領の決断

最初に核兵器を持ち、それを使用したのは、もちろんアメリカである。アメリカの歴史教科書、ア

（左）トルーマン大統領は最後まで自分の決断「原爆投下」を正当化した（右）広島に投下された原爆　出典：Harry S. Truman Library & Museum、the National Archives

メリカ政府の一般的な見解は、広島・長崎《ながさき》の原爆投下は、「戦争を終わらせるため」「戦争による犠牲者（主にアメリカ兵）を少しでも少なくするため」となっている。つまり、敵を叩くというのではなく、和平を早めるためにアメリカは核を使用したことになっている。

しかし、これはアメリカ一国だけが核を保有していたからできたことである。仮に日本の核開発がアメリカと同じ状況で進み、同時期に原爆を保有できていたら、日本は必ず核で報復していただろう。たとえば、当時世界最大級の潜水艦「伊号第四〇〇」で米大陸の沿岸部まで接近し、そこから原爆搭載の艦載機を飛ばして、西海岸の主要都市を爆撃するようなことをしたはずである。

なにしろ、日本は神風《かみかぜ》特攻をやり、人間魚雷《ぎょらい》までつくっている。祖国防衛のためにはどんなことでもしたはずだからだ。

広島・長崎の原爆投下についてはさまざまな見方があるが、これが日本の降伏（ポツダム宣言の受諾）を早めたのは間違いない。

「このような兵器を持っている国とさらに戦えば、国家は完全に滅びる」と、日本の戦争指導者が認識しなかったはずがない。その意味で、核兵器を持つことは、相手国の戦意を喪失させる効果がある。

原爆投下を命じたハリー・トルーマンは、1945年（昭和20年）4月、ルーズベルトが死去して大統領に就任する直前まで、原爆の存在を知らなかったとされる。ところが、存在を知って、その破壊力の凄まじさを知らされると、これを使うことを決断した。ポツダム会談でスターリンから〝ヤルタ密約〟どおりに日本に参戦することを聞かされると、その決断は揺るぎないものになった。

トルーマンが、なぜ「最終兵器」と知りながら、原爆の投下を決めたのかは諸説ある。

トルーマン自身は生涯にわたって、「戦争の早期終結に必要だった」という主張を変えなかったが、「根底には日本人に対する人種偏見があった」「戦後のソ連との覇権争いで優位に立つため」などという見方もされてきた。おそらく、そのどれもが真実だろう。

いずれにしても、広島・長崎への原爆投下は、それまでの戦争常識を変えてしまった。ただし、この時点では、核保有国はアメリカ一国だから、アメリカはその力で世界を完全に支配することが可能だった。

しかし、アメリカはそれをしなかった。

次々と核開発競争に走った世界各国

1945年7月24日、スターリンは、ポツダムでの何度目かの会談が終わった後、トルーマンから

「われわれはとてつもない破壊力を持つ新兵器を手に入れた」と囁《ささや》かれたという。

トルーマンは「彼はただ、これを聞いて喜んでいる、これを日本人にたいして『有効に』使うことを望むと言ったのみであった」と回想録（『トルーマン回顧録』恒文社、１９９２）に記しているが、スターリンは明らかに衝撃を受けていた。

アメリカ駐在大使でスターリンに随行していたアンドレイ・グロムイコは、その晩、スターリンが宿舎で言ったことを、回想録（『グロムイコ回想録・ソ連外交秘史』読売新聞社、１９８９）でこう記している。

《彼等は、初めから我々のことを頭に入れてなかった。ヤルタ会談のとき、原爆が実験段階にあることを、言ってくれてもよかった。彼等は、原爆を独占することで、自分たちの計画を押し付けようとしている。だが、そうはさせない》

スターリンはスパイによってアメリカの核開発が進んでいることを知っていた。だから、トルーマンが言った兵器を即座に原爆と理解し、ソ連が開発に後れを取ったことを悔やんだのである。

こうしてソ連は、核開発に国力を傾け、１９４９年（昭和24年）８月に核実験に成功して、世界で二番目の核保有国となった。これは、アメリカの予想をはるかに超えるものだった。

核兵器を手にしたアメリカは、１９４６年（昭和21年）に「マクマホン法」を成立させ、原子力技術の国外移転を禁止し、その独占を図った。また、原爆開発の「マンハッタン計画」で共同パートナーとしてきた英国とのパートナーシップを破棄し、英国には一切の情報を渡さないと通告した。

そんななか、原爆開発に関わったアメリカの科学者たちは、「原子力の国際統制」の必要性を説くようになった。そのため、核兵器の国際的な統制が世界中で議論されるようになり、国連に原子力委員会が設置された。この原子力委員会を歓迎したのはソ連で、ソ連代表は核技術の廃絶を提案した。もちろん、その裏では核開発を急ピッチで続けており、前記したように１９４９年にとうとう核兵器を手に入れることになったのである。

ソ連の核実験成功を知ったトルーマンは、直ちに国家安全保障会議（ＮＳＣ）を開いて、原子爆弾を上回る破壊力を持つ水爆《すいばく》の開発を進める決定を下した。

こうして、米ソ両国ははてしない核開発競争に突入していった。

この両国に後れて、１９５２年（昭和27年）２月、英国も核兵器を開発したと宣言、10月に最初の核実験を行った。この年、アメリカは水爆を完成させ、翌１９５３年（昭和28年）、ソ連も水爆を完成させた。英国に続いて核実験を行い、核兵器を手にいれたのがフランスだった。フランスは１９６０年（昭和35年）に、アルジェリア戦争中に初の核実験を行った。

さらに、１９６４年（昭和39年）10月に中国が核実験に成功し、アジアでは初の核保有国となった。ちなみに、中国の核実験は日本が東京五輪を開催している最中に行われた。

なぜ、このように世界各国は核兵器の開発競争を繰り広げたのか？

それは、一つには安全保障のためだが、もう一つは外交主権の強化のためである。核を持たなければ、核保有国と国益をめぐって対立したとき、最終的に「核使用も辞さない」と言われれば、交渉から降りるしかなくなるからだ。ペリーが日本に見せた「砲艦外交」は、核兵器として生き続けているのだ。

戦争は、最初は利害の対立から起こる。そうして、チキンレースが始まる。しかし、核兵器を持たない国はこのレースに参加できない。核兵器がなければ、最初から自国の国益を放棄して譲歩する以外に道はない。

すでに、冷戦は始まっていたから、ソ連はアメリカとの対抗上、核を持たざるをえず、英国もフランスも西側陣営にいたとはいえ、独立国家としての主権を維持するために核保有国になった。中国もまた同じである。

こうして、現在、米英仏露中の国連の常任理事国のほか、インド、パキスタン、北朝鮮も核を保有するようになった。イスラエルも、対外的には公表していないが、核を保有している。

「相互確証破壊」と「核の抑止力」

ソ連が核兵器を持ち、世界に核保有国が複数存在するようになると、戦争の概念は一変し、国家対国家の全面戦争《トータルウォー》の可能性はさらに低くなった。

これは、じつに簡単な理由で説明できる。

核兵器のある世界では、ひとたび戦争となって核を撃ち合えば、両国とも破壊され、国家は滅んでしまう。だから、核兵器は戦争の「抑止力」（deterrence：デターランス）になると考えられるようになった。

これを「相互確証破壊」（ＭＡＤ：mutual assured destruction）と呼び、１９５０年代から言われてきたが、リンドン・ジョンソン大統領時代に米国国防長官を務めたロバート・マクナマラが防衛戦略として初めて提唱した。

Ａ国が核による先制攻撃をしたとしても、Ｂ国が残された核で報復攻撃をすれば、両国とも国家存続が不可能になる。つまり、核兵器によって戦争は抑止されるというのが相互確証破壊であり、そうすることで国家防衛ができるというのだ。

ただし、これは双方が同じような核戦力を持ち、先制攻撃後も残存核が確保されるという前提がないと成立しない。つまり、冷戦状態にあった米ソ二大国間で成り立った理論である。

この相互確証破壊の理論は、ソ連がロシアになった現代でも生き続けている。米ソが核戦争をした場合、その勝敗を分けるのは「核トライアド」（nuclear triad）と呼ばれる「戦略核兵器」の三本柱である。一つ目は、お互いの基地や大都市を破壊する地上発射の「ＩＣＢＭ」、二つ目は潜水艦発射弾道ミサイル（ＳＬＢＭ）を搭載した「ＳＳＢＮ」（ballistic missile submarine nuclear-powered：弾道ミサイル搭載原子力潜水艦）、三つ目は核爆弾を搭載して相手国に到達できる「戦略爆撃機」（strategic bomber）である。

このトライアドのすべてを持っているのは、いまもアメリカと、ソ連の核を継承したロシアだけである。中国も三つを揃えているが、その性能は米露に大きく劣っている。

だから、米露両国は、「デタント」（Détente：緊張緩和）による軍縮条約により、繰り返し戦略核の削減を行ってきた。現在は、「新ＳＴＡＲＴ《スタート》条約」（新戦略兵器削減条約）の下、両国とも２０１８年までに核弾頭を1550個まで、ICBM、SLBM、戦略爆撃機の合計を700までに削減することになっている。

とはいえ、相互確証破壊が成立しなくとも、核兵器はその破壊力の大きさから使えるものではない。つまり、歴史を核以前と核以後に分けると、核以後の世界では、戦争は局地的な限定戦争《リミテッドウォー》だけに留め、かつて武力戦争に訴えてきたことは、外交交渉を基本に、心理戦、思想戦、ゲリラ戦、サイバー戦などで解決するほかなくなったということである。

ただし、これはあくまで理論上の話であり、ロシアに次ぐ核兵器を持ちICBMまで保有している中国、現在、核戦力の拡充をはかっている北朝鮮がどう考えているかはわからない。

いずれにせよ、核のある世界では、本当の意味での外交交渉ができるのは、核保有国だけである。また、安全保障も核がないと成立せず、核を持たないと「対外主権」も持ちえない。つまり、他国と対等な同盟関係は築けない。日米同盟は、現状ではどこまでいっても片務的である。

さらに、核を保有していたとしても、やはり最強国の傘下に入らなければ、究極には安全保障は成り立たない。たとえば、英国やフランスは核を保有しているが、それでもNATO(北大西洋条約機構)に加盟している。

NATOは欧州諸国の同盟というより、むしろ世界覇権国アメリカに、欧州が助けてもらうための機構だ。そのため、NATO加盟国が持つ核兵器の最終使用決定権は、基本的にアメリカに委ねられている。

日本は非核国だが、日米安保によってアメリカの傘の下に入っていることで、かろうじて安全保障が保たれている。しかし、中国に次いで北朝鮮がＩＣＢＭを持てば、「はじめに」でも触れたように、アメリカの核の傘は消えてしまう。

抑止効果があるかどうかは立証できない

このように、核兵器ができたことで、かつてのような国家対国家による全面戦争は起きなくなった。起きても局地的な限定戦争だけである。これは、第二次大戦後、現代に至るまでの歴史が証明している。

とはいえ、本当に核兵器には戦争を抑止する力（＝平和を保つ力）があるのだろうか？

ヘンリー・キッシンジャーは、著書『キッシンジャー秘録』（小学館、１９７９）のなかで次のように述べている。

《抑止の効果は、実際には〝起こらない〟ことによって、消極的な方法で試される。しかし、何が、なぜ、起こらないかを立証することは絶対に不可能である》

つまり、抑止力はまだ試されたことがないので、あるかどうかは証明できない。理論にすぎないと言っているのだ。抑止力の理論は、核兵器ができた段階で、早くから提唱されていた。

アメリカの軍事戦略家のバーナード・ブロディは、著書『The Absolute Weapon: Atomic Power and World Order』（Ayer Co Pub、１９４６）のなかで、次のように述べている。

《敵に勝利するための代価が勝利によってえられるものよりはるかに大きいときは、勝利そのものに意味がない。》

確かにその通りである。ブロディは懐疑的なキッシンジャーに比べて、はるかに肯定的に核の抑止効果を捉えていて、「先制不使用」（ＮＦＵ：no first use）によってその効果は強化されるとしたのだ。核保有国間においては、相手に核を先に使用される恐怖が常につきまとう。そのため、どちらも先に核に手を出さないと約束すれば、核戦争は起こらない。抑止力は高まると言うのだ。したがって、敵の通常戦力による攻撃に対しては、こちらも十分な通常戦力を整えることで抑止できると、彼は主張したのである。

ジョセフ・ナイ教授もまた、著書『国際紛争――理論と歴史』（有斐閣、２００５）のなかで、次のように述べている。

《核兵器の持つ巨大な破壊力は、軍事的な手段と国家が追求する事実上すべての政治的目的の間に不均等をもたらした。この目的と手段の乖離《かいり》は、ほとんどの状況で究極の兵器の使用に麻痺《まひ》状態を生み出した。１９４５年以来、核兵器は使用されていないため、核兵器が役に立つとみなす考えには限界がある。それは単にあまりにも強力で、あまりにも採算がとれないものなのである。》

こうしてジョセフ・ナイ教授は、核兵器の登場によって、戦争がほかの手段による政治の延長であったクラウゼヴィッツの世界はもはや過ぎ去ったと指摘した。

しかし、彼は核兵器の登場により「限定戦争の概念が復活した」とも述べている。つまり、核戦争は起こらなくとも、限定戦争は起こる。戦争はなくならないということである。

核兵器を完全に禁止することは不可能

核の抑止力が効かないことも想定できる。

それは、限定戦争が始まり、一方の国の指導者が自暴自棄《じぼうじき》になってしまったときだ。「どうせ滅亡するなら相手も滅亡させよう」という指導者が出てくる可能性は捨てきれない。また、戦争領域を宇宙空間まで拡大させると、核抑止論は成立しなくなる。宇宙からの一方的な攻撃が可能になるからだ。

そのため、世界各国は1967年（昭和42年）に国連で決議・発効した「宇宙条約」（SDI：Outer Space Treaty）において、「宇宙の平和利用の原則」に合意した。この条約では、天体を含む宇宙空間においては、いずれの国家も領有権を主張できないこととし、軍事利用は一切禁止された。しかし、そのほかの宇宙空間における軍事利用については不問に付した。第4条では、核兵器を「地球を回る軌道に乗せないこと」「宇宙空間に配備しないこと」としているが、宇宙空間に到達しても地球周回軌道に乗らないICBMに関しては対象外とされたのである。

さらに言えば、ある国の宇宙開発が完全な平和目的だけで行われているかどうかは、誰にも検証できない。

この宇宙条約に先立って、アメリカ、英国、ソ連は、1962年（昭和37年）のキューバ危機の教訓をへて、大気圏内、宇宙空間および水中における核兵器実験を禁止する条約「部分的核実験禁止条約」（PTBT：Partial Test Ban Treaty）を結んだ。この条約には、1963年（昭和38年）10月の発効までに105カ国が署名した。これで条約締結国は、地下核実験しかできなくなった。

さらに1968年（昭和43年）、核兵器をこれ以上拡散させないために「核拡散防止条約」（NPT：Treaty on the Non-Proliferation of Nuclear Weapons）が、アメリカ、ソ連を中心とした56カ国の調印によって成立した。

しかし、この条約は、不平等条約の典型だった。それは、既存の核保有国（とくにアメリカとソ連）の核の独占を固定することになったからだ。この条約を守れば、世界に対外主権を持ちえる独立国家は、既存の核保有国だけとなる。

したがって、フランスと中国は加盟せず、この両国が加盟したのは、冷戦終結後の1992年（平成4年）である。また、南アフリカは保有していた核兵器を放棄し、1991年（平成3年）に非核兵器国として加盟した。NPTは、その後も国連において何度も再検討がなされ、2015年（平成27年）4月にはオーストリアが「核兵器禁止文書」を提唱して、107カ国が賛同した。しかし、当然だが、アメリカも日本も賛同を表明しなかった。

アメリカがこれに賛同してしまえば、アメリカの世界覇権は崩れてしまうからだ。

かねてから日本政府は、「非核三原則」を掲げ、核兵器は「つくらず、持たず、持ち込ませず」を守っていると説明してきた。しかし、この明らかな嘘はいまやまったく通用せず、アメリカ軍が沖縄や横須賀に持ち込んだ核兵器と、アメリカの核の傘によって、日本の安全はかろうじて守られている（と信じられている）。

ＮＰＴには、現在、核兵器を保有しているインド、パキスタンはもちろん加盟していない。また、加盟国だった北朝鮮は１９９３年（平成5年）に脱退した。２０１０年（平成22年）６月時点の加盟国は１９０カ国であり、もちろんそのなかには日本も含まれている。

このような経緯のなかで、核兵器をこの世界から完全になくしてしまおうという運動が世界中で行われてきた。とくに、日本の左翼団体はこの運動に熱心である。

しかし、この世界が国家の集まりで構成されている以上、核兵器を禁止することはできない。たとえ、条約で禁止しても、それが守られるという保証もない。

２００７年（平成19年）、国連では「核兵器禁止条約」（ＮＷＣ：Nuclear Weapons Convention）が、コスタリカとマレーシアによって提出された。そして、約10年にわたる審議・調整をへて、２０１７年（平成29年）７月７日、加盟国の3分の2近くの１２２カ国が賛成して、ついに採択された。これは、核兵器の実験、使用のみならず、核兵器による威嚇まで禁止する画期的な内容だが、米英仏露中はもちろん、日本も不参加だった。参加できるわけがない。

戦争はいまやサイバー空間に移行した

現在、「核兵器の開発・維持・使用は人道に反する」ということが、世界的なコンセンサス（共通認識）になっている。しかし、それによっていくら条約を結ぼうと、それだけでは恒久平和は達成されない。これが国際法の限界である。それに、国家間の取り組みは、テロリストには通用しない。

また、現代ではテクノロジーの発達で、戦争領域はサイバー空間まで拡大している。このサイバー空間にいたっては国境など存在しないのだから、ここで行われる戦争がどんなものかも定義できない。すでに「IoT」（Internet of Things：インターネット・オブ・シングス）の時代になり、すべてのモノはネットに接続されるようになった。また、あらゆる兵器、軍備は、ＩＴ技術なしには機能しなくなっている。

となると、リアル空間よりもサイバー空間を制することが決定的に重要になっている。国家の安全保障も、サイバー空間を含めて考えなくてはならない。つまり、サイバーセキュリティが脆弱《ぜいじゃく》な国は、いくらリアル空間において主権国家たりえても、その主権は容易に侵されることになる。

そのため、ジョセフ・ナイ教授は、サイバー空間における国際間の規制合意を急ぐべきだと提唱している。アメリカ政府は、２０１１年（平成23年）５月に「サイバー空間の国際戦略」（International Strategy For Cyberspace）を公表し、アメリカの戦略を世界に示した。

こうしたことを契機に、現代までサイバー空間における自由と安全保障の両立について、国際間で盛んな議論が行われてきている。

２０１５年（平成27年）２月、オバマ前大統領は、サイバー空間を「ワイルド・ウエスト」（無法地帯）と呼び、国際間の協調を訴えた。しかし、実際のところ、インターネットはアメリカがつくったのであり、その支配者はアメリカである。アメリカはサイバー空間においても覇権を確立している。ネットの有力企業はすべてアメリカが握っており、グーグルにしてもアップルにしても収集した情報をＣＩＡ（米中央情報局）やＮＳＡ（国家安全保障局）に提供していることは世界周知の事実だ。

　このアメリカのインターネット覇権に挑戦しているのが、中国とロシアである。中国はかねてから自国の「インターネット主権」を主張し、２０１５年12月に中国で開催された第二回世界インターネット大会の開会式で、習近平《シージンピン》主席は「どの国もサイバー空間を占領するべきでない」と述べた。また、アメリカと同じく、サイバー空間のための新たな国際法の必要性を主張した。

　しかし、これはアメリカが主張する「インターネット・フリーダム」の原則を無視した「国家がネットの情報を統制する権利を持つ」というものだ。つまり、情報統制国家、ジョージ・オーウェルの小説『１９８４』の世界を実現させようという試みである。残念ながら、このサイバー戦争においても日本は脆弱なシステムしか持っておらず、独立国家の体《てい》をなしていない。

　このように、核戦争にしてもサイバー戦争にしても、いまのところ確定的なことはなにもえられていない。私たちの平和と安全は、かろうじて維持されているにすぎない。

　それに本当に驚くのは、こうした戦争と戦争概念の変質に関して、日本の歴史教科書には具体的な記述がまったくないことだ。近・現代史に関して、教科書はいったいなにを教えようとしているのだろうか？

　教科書は、ただイベントを列記しているだけで、いかに平和を維持することが難しいかを語ろうとはしていない。

　これでは、一般国民は、国家の根幹にかかわる安全保障に関して真剣に議論することすらできない。

アメリカは本当に第二次大戦に勝ったのか？

歴史に「イフ」はないが、「イフ」を考えることは非常に重要である。歴史のイフを考えることで、現在がより具体的に見えてくるからだ。アメリカの歴史教科書を見ると、このイフが多用されている。

前述したように、私の娘は、幼稚園から高校までインターナショナル・スクールに通ったため、主にアメリカの歴史教科書で歴史を学んだ。

アメリカの歴史教科書はともかく分厚く、1000ページは軽くある。だから、太平洋戦争に関しても10ページほどをさいていて、そのうち2〜3ページを原爆投下にあてているから、日本の教科書に比べたら、はるかに詳しく原爆について記述している。

これは、アメリカの代表的な歴史教科書とされる『The American Pageant』にしても、『The American Nation』や『History of a Free Nation』にしてもみな同じだ。しかも、日本の教科書と違って、原爆投下の是非を、生徒たちに考えさせようとしている。「原爆投下を決めたトルーマン大統領の決定は正しかったと思いますか？」「もしトルーマン大統領が原爆投下を行わなかったらどうなっていましたか？」などと、イフを持って問いかけているのだ。

そこで私はここで、アメリカが世界でただ一国の核保有国として、第二次世界大戦後の世界を支配すればどうなっていたかと、読者に向かって問いかけてみたい。おそらく、そうしていれば、その後の無用な冷戦は起こらず、核の拡散も起こらなかっただろう。

1945年（昭和20年）9月2日、日本が降伏文書にサインして第二次大戦が終わったとされたとき、「勝者・連合国《ユナイテッド・ネイションズ》」と「敗者・枢軸国《アクシス・パワーズ》」は、およそ次のようになっていた。

［勝者・連合国］
アメリカ合衆国、イギリス、ソビエト連邦、中華民国、自由フランス、ポーランド（亡命政権）、オランダ（亡命政権）、ベルギー（亡命政権）、ルクセンブルク（亡命政権）、ノルウェー（亡命政権）、デンマーク（ドイツ占領下）、ユーゴスラビア（亡命政権）、ギリシャ（亡命政権）、カナダ、オーストラリア、ニュージーランド、南アフリカ、コロンビア、エル・サルバドル、コスタリカ、ドミニカ共和国、ニカラグア、ハイチ、グァテマラ、ホンジュラス、パナマ、メキシコ、キューバ、イラク、リベリア、アイスランド（デンマーク領から英米保護）、エクアドル、ペルー、パラグアイ、ベネズエラ、ウルグアイ、トルコ、シリア、イラン、サウジアラビア、ネパール、アルゼンチン（1945年、対枢軸国に参戦）、チリ（対日参戦のみ）、ブラジル、モンゴル、イタリア王国（1943年、連合国に降伏後対独参戦）、ルーマニア（1944年以後）、ブルガリア（1944年以後）、スロバキア、フィンランド（対英ソ講和、ラップランド戦争後1945年対独参戦）

［敗者・枢軸国］
ナチスドイツ、大日本帝國（日本）、イタリア王国（1943年に降伏）、イタリア社会共和国、ハンガリー、ルーマニア、ブルガリア、スロバキア、フィンランド（対ソ英講和前）、クロアチア独立国（大戦中に一時独立）、仏ヴィシー政権、タイ王国、満州国、汪兆銘政権、ビルマ国

［中立国］
ポルトガル、スイス、スウェーデン、バチカン、アイルランド、アフガニスタン、リヒテンシュタイン、アンドラ、スペイン

この一覧を見て、あなたはどう思うだろうか？　その後の世界情勢から考えると、勝者と敗者の区別がまったくつかないということに気がつかないだろうか？

敗戦国であるはずの日独伊は戦後も繁栄し、とくに日本は１９６８年（昭和43年）にはアメリカに次ぐ世界第二位の経済大国となった。ところが、日本に勝ったはずの中国・国民党政権は、中国本土を追われて台湾の一政権に転落してしまった。また、東欧諸国はドイツの占領から解放されたにもかかわらず、その後はソ連の傀儡《かいらい》政権によって支配されることになってしまった。戦争に勝ったはずなのに、独立はできず、ソ連の完全な属国となったのである。

アメリカとともに最大の戦勝国となった英国はどうなっただろうか？　かつての覇権国は、インドなどの植民地をことごとく失い、もはや昔の輝きを二度と取り返せないほどまでに衰退してしまった。戦勝国が戦勝国とならなかったのである。なぜ、こんなことが起こったのだろうか？

それは、最大の戦勝国であるアメリカが致命的な戦略のミスを犯したからだ。アメリカの戦争を指導したルーズベルトの世界観は軟弱そのものだった。しかも彼はなぜか、ロシア人の指導者を好んだのである。

このことが、戦後の世界を決定づけたと言っていい。

スターリンの戦争目的はソ連の勢力拡大だった

ここで単純に戦争をゲームと考えてみたい。ゲームが終われば「勝者総取り」(winner-take-all) となってしかるべきである。現在のアメリカの大統領選挙でも、この方式が採用されている。とすれば、あの大戦は最終的にアメリカが参戦して連合国側を援助することで連合国側が勝利したのだから、連合国側のすべての国、そして枢軸国側が支配していたすべての国が、戦後はアメリカの支配下（勢力圏下）に入らなければおかしい。

ソ連にしても、ルーズベルトがつくった「武器貸与法」(Lend-Lease Acts、1941年3月開始) によって大量の援助を受け、その結果、ナチスドイツに勝ったのである。もし独力で戦っていたらどうなっていたか？　これは中華民国も同じだ。アメリカからの援助がなければ、簡単に日本に敗けていただろう。

とすれば、第二次大戦の戦勝国は、アメリカ一国だけであり、あの戦争は、世界のどの国もアメリカには勝てないということを証明した戦争だった。それなのに、なぜ、世界はアメリカ一極世界にならなかったのだろうか？

それは、スターリンの戦争目的がほかの連合国とはまったく違っていたからだ。アメリカのように、「枢軸国側を打倒して世界に安定と平和をもたらす」ことを、スターリンは考えていなかった。彼は、戦争に勝つことによって、共産主義を世界に拡大させること、つまりソ連の勢力圏を拡大させることを最大の目的としていた。つまり、ソ連を連合国、その後の国際連合に引き入れた時点で、アメリカ

左からチャーチル、ルーズベルト、スターリン。三人が最後にそろったヤルタ会談で、戦後世界が決められた。出典：National Archives and Records Administration

は間違いを犯してしまったのだ。

国際連合の出発点は、ルーズベルトとチャーチルが会談した1941年（昭和16年）8月の「大西洋憲章」（Atlantic Charter）である。このとき、ルーズベルトは、アメリカ・イギリス・ソ連・中華民国の4カ国、つまり「4人の警察官」で戦後世界の平和を保つべきだと主張した。いま思うと、このルーズベルトの主張は完全に間違っている。

もちろんチャーチルは、中華民国の参加に反対した。中華民国が、欧米列強と肩を並べられる国であるはずがないからだ。また、ソ連の参加にも内心では反対だった。なぜなら、かつてロシア帝国は大英帝国の宿敵だったからだ。しかし、ドイツに攻められて尻に火がついていたチャーチルは、英国存続のためにソ連の助けも必要としていた。

こうして、チャーチルは、自分より年下で、リベラル思想に染まったアメリカ人指導者の主張を受け入れてしまったのである。

チャーチルとルーズベルトが世界の枠組みを勝手に話し合った後、独ソ戦が勃発した。ヒトラーはスターリンを追い詰め、モスクワは陥落寸前までいった。ところが、ここで日本が真珠湾攻撃という〝愚挙〟に出たため、情勢は一変した。ルーズベルトもチャーチルも大いに喜び、とくにチャーチルは「これで英国は救われた」と快哉《かいさい》を叫んだ。

日本の参戦により、独伊が仕方なくアメリカに宣戦布告して、第二次大戦の枠組みが「連合国VS枢軸国」で確定してしまった。その結果、1942年（昭和17年）1月1日に「連合国共同宣言」が宣言された。このときの連合国（国連の原加盟国）は51カ国である。そして、枢軸国側の敗戦が濃厚になった1944年（昭和19年）8月から、ワシントンDC郊外のダンバートン・オークス邸で、米英ソ（のちに中華民国も参加）による国際連合設立に関する討議が行われ、その後、1945年（昭和20年）2月のヤルタ会談などをへて国際連合が成立することになる。

かつての敵国、日本を守るという歴史の皮肉

「ダンバートン・オークス会議」（Dumbarton Oaks Conference）で、英国は、米ソの影響力を牽制する目的で「4人の警察官」にフランスを加えることを主張した。この主張が、のちに安全保障理事会のレギュラーメンバー（常任理事国）が5大国になることにつながった。

「ダンバートン・オークス提案」は、1944年10月9日に発表され、これをもとに終戦後の1945年10月24日に国際連合が正式に成立した。

連合国が日本とドイツを除く枢軸国と正式に講和したのは、1947年（昭和22年）2月10日の「パリ条約」（Paris Peace Treaties）である。しかし、このときすでに、東欧諸国はソ連軍の占領下に置かれていた。そのため、ポーランドやチェコスロバキアの亡命政府の本国復帰はならなかった。なんと、ポーランド亡命政府は冷戦終了後の1990年（平成2年）までロンドンに留まった。ソ連は、現地で社会主義新政権をつくり、ユーゴスラビアやアルバニアは、パルチザンがソ連と結びついたために完全にソ連の支配下に入ってしまった。

こうして、戦後世界をかたちづくった冷戦が進行していったが、それをつくり出したのは、元をただせば、前記したように、ルーズベルトがスターリンを好んだからである。

いまでは、各種資料で明らかになっているが、ルーズベルトは、アメリカ政府内に入り込んだソ連のスパイによって洗脳されていた。1995年（平成7年）にアメリカの国家安全保障局が公開した「ヴェノナ文書」（Venona Files）には、これらのことが克明に記録されている。日本に真珠湾攻撃という〝愚かな選択〟をさせた「ハル・ノート」も、原案はソ連のスパイ、ハリー・デクスター・ホワイトがつくったものだ。

このように見てくれば、第二次大戦の本当の勝者は、じつはソ連と中国共産党であることは明らかだろう。世界のどの国もアメリカに勝てないはずが、この二国だけはアメリカの裏をかいて、〝漁夫《ぎょふ》の利《り》〟をえることに成功してしまったのである。

アメリカのおかげで戦勝国になったというのに、ソ連はアメリカを差しおいて戦後世界を支配しようとした。日本はソ連参戦後すぐに降伏したため、領土割譲《かつじょう》は免れた。しかし、アジアにおいても、広大な地域がソ連の支配下に入った。中国、北朝鮮、満州、樺太、千島列島、チベット、東トルキスタン（新疆《シンジュアン》ウイグル自治区）、内《ネイ》モンゴル、ベトナム、ラオス、カンボジア、ビルマ（現・ミャンマー）が共産圏に組み込まれた。

戦後アメリカは日本を武装解除して、「平和憲法」を与え、二度と戦争ができないような国に改造した。ＧＨＱはさまざまなプログラムを駆使して、「戦争は悪」「日本は戦争犯罪を犯した」と洗脳した。

しかし、その結果、アジアの安全保障は、アメリカが一手に引き受けなければならなくなった。ソ連と組んだ中国の拡張を食い止めるのは、アメリカの仕事になってしまい、朝鮮戦争ではマッカーサーがアメリカの若者たちを率いて戦い、３万５０００人の人的被害と２００億ドルの戦費を失った。

この状況は、いまもなお続いている。アメリカは、なんとかつての敵国である日本を守っている。かつて日本に対し、ベトナム（仏印）から兵を引き上げろと強要したのに、１９６０年代には自らベトナムに兵を送り、そこで多くの若者を死なせてしまった。

アジアばかりではない。欧州でもアメリカは、いまでもＮＡＴＯ諸国を守っている。トランプ大統領はそれが不満で「守ってほしいならもっとカネを出せ」と、ヤクザのようなことを言っているが、これは事実だ。ウクライナがクリミア半島をロシアに奪われ、ウクライナ領内にロシア軍が侵入すると、オバマ前大統領は仕方なく経済制裁を行うことになった。

このような状況を前にして、もしヒトラーがいま生きていたら、アメリカの行動をどう思うだろうか？

「先制不使用」の否定から「核増強」へ

第二次世界大戦というのは、アメリカが全世界を相手にしても勝てる、唯一の世界覇権国であるということを証明した戦争だった。その歴史的な意味は、アメリカ型のデモクラシー（民主制）とキャピタリズム（資本主義）が、これまでの歴史に登場したシステムのなかで最強のシステムであるということだろう。

そう思えば、本来なら、アメリカはドイツと日本に勝った時点でただちにソ連や中国共産党と開戦し、スターリンと毛沢東を歴史の表舞台から葬《ほうむ》るべきだった。欧州ではソ連軍が占領した東欧諸国に軍を進め、アジアでは朝鮮、中国に軍を進めるべきだった。そうすれば、ソ連と中国共産党は東西から挟《はさ》み撃《う》ちにあって滅亡していただろう。この時点で、アメリカはただ一国、原爆という最終兵器を持っていたのだから、その達成は不可能ではなかったはずだ。そうしていれば、冷戦など起こらず、核兵器の拡散による安全保障の変質も起こらなかっただろう。アメリカは世界全域に自由と人権に基づく民主制を打ち立てる〝最後のチャンス〟を逃したのである。

その後、アメリカは冷戦に勝利してソ連を倒した。しかし、ロシアの本質はいまも変わっていない。また、中国は共産主義による独裁体制を温存したまま資本主義を受け入れて生き延びてしまった。こうして、冷戦構造は「新冷戦」として、いまもユーラシア大陸の両サイドで生き続けている。

しかも、この新冷戦は、テロリズムの拡大、北朝鮮の核開発による挑発で、新たな局面に入っている。

それなのに、理想主義に燃えたオバマ前大統領は、就任直後の２００９年（平成21年）４月、チェコのプラハで核廃絶を世界に訴えて、ノーベル平和賞を授与され、２０１６年（平成28年）５月にはついに広島を訪れて、「核なき世界」を訴えた。さらにその後、「核の先制不使用」（ＮＦＵ：no first use of nuclear weapons）宣言をすると、メディアを通して訴えた。彼は「他国が核兵器で攻撃してこない限りアメリカは核兵器を使わない」と宣言しようとしたのである。これは、前記したブロディなどが提唱した古典的な核抑止論である。

しかし、この先制不使用宣言に対し、国内外から大きな反対の声が上がった。安倍首相も反対表明をハリー・ハリス太平洋軍司令官を通して米政府に伝えたと『ＷＰ』（ワシントン・ポスト）紙は報道したが、本人は否定した。

国内外が反対する理由というのは、「もし、北朝鮮、ロシア、中国などが、アメリカが核を使わないのなら、通常兵器で攻撃することができると考えたらどうなるのか？　それを考えれば、先制不使用宣言などすべきでない」ということだった。また、現代の核戦略においては、先制するかどうかを曖昧《あいまい》にするほうが抑止力は高まるというのである。

こうした声を受けて、先制不使用宣言は撤回され、アメリカの安全保障政策は、メディアは嫌いだがツイッターは大好きというトランプ大統領に引き継がれた。

トランプ大統領は、２０１７年（平成29年）１月23日、就任式を終えた３日後のインタビューで、核戦力の増強を明言し、次のように述べた。

「どの国も核を持たないのが理想だが、核保有国があるなら、われわれはその先頭にいたい」

第7章
中国の覇権拡大と尖閣諸島の地政学

中国の拡張主義を助長させた二人のアメリカ大統領

アメリカの「属国」として、戦後70年以上にわたって平和を享受《きょうじゅ》してきた日本にとって、北朝鮮以上に脅威となっているのが中国である。東アジアの歴史を振り返れば、ここには有史以来、中国中心の秩序があった。

いわゆる「冊封体制《さくほうたいせい》」である。これは、中国皇帝を頂点とした周辺諸国の統治者との間の「君臣関係」を基盤とした「国際秩序」のことを言う。周辺国が中国に貢物を送る。それと引き換えに、中国はその国を認め、返礼品を送り、位階を授けるといったような関係だ。

これを現代に置き換えれば、覇権国と属国の主従関係となるが、当時の冊封体制は現在の日米関係ほど緊密なものとは言えない。実際のところ、楽浪郡《らくろうぐん》、新羅《しらぎ》以来、冊封体制にもっとも組み込まれていた朝鮮半島と違って、島国の日本はそのときどき必要に応じて中国に朝貢してきただけである。

ところが、すでに経済力、軍事力で逆転したことをいいことに、中国は冊封体制の復活を目論《もくろ》むようになった。その矛先が向けられているのが、尖閣諸島である。

ちなみに、冊封体制という言葉は日本でつくられたので、中国の歴史教科書には出てこない。かつては中国の完全な属国であったにもかかわらず、韓国の教科書にもほとんど登場しない。

彼らは、歴史認識が日本人とは大きく違っている。彼らの近代史は西洋列強と日本に蹂躙《じゅうりん》された歴史であり、その失われた時代を取り戻すことが国家の目標となっているからだ。

つまり、中国にいたっては歴史を逆転させて、明朝《ミンチァオ》や清朝《シンチァオ》の時代に帰らなければならない。これを習近平主席は「中国の夢」（中国梦《ジョングォメン》＝中華民族の偉大なる復興）と称している。

1840年の阿片戦争で敗れる以前、中国は世界一のGDPを誇る経済大国だった。つまり、その位置まで中国は戻る、復興するというのである。これは、周辺国にとってはあまりに迷惑な目標であり、言葉を換えれば「拡張主義」である。そして、この拡張主義を助長させてきたのが、オバマ前大統領であり、トランプ大統領だ。

なぜなら、オバマ前大統領は「世界の警察官」を自らおりてしまい、トランプ大統領もまた北朝鮮問題を中国にほぼ丸投げしてきたからだ。

2017年4月、トランプ大統領は習近平主席夫妻をフロリダのパームビーチの別荘に招き、ディナーの席でシリアにミサイルを発射したことを自慢し、それに対して習近平氏が恭順《きょうじゅん》したふりを見せると、態度を一変させてしまった。

それまでは中国を「為替操作のグランドチャンピオン」などとこき下ろしていたのに、会談後は「ミスター習が好きになり、尊敬するようになった」とツイッターで言い放ったのである。さらに、「彼は特別な男だ。彼は（北朝鮮に）全力で対処するだろう」と持ち上げた。その後、トランプ大統領は習近平主席に騙されたと非難することになったが、二代続けて、アメリカの世界覇権に責任を持たない大統領が続くのは、信じがたきことである。

覇権国家が強大であるとき世界は安定する

アメリカが自らの手で覇権を後退させれば、中国のような国が次の覇権への挑戦者となるのは歴史の必然だ。

こうした国際情勢下の現代日本人にとって、「地政学」（Geopolitics：ジオポリティクス）がどうしても必要になる。地政学とは、地理的な環境がいかに国家の行動を左右するかを、政治、軍事、経済などを通して見ていくという学問である。

国家は地理的環境からは逃れられない。したがって、地政学的に中国を分析しなければ、今後、日本がなにをすべきかが見えてこない。

地政学は19世紀末から急速に発達した学問だが、その成果の一つに、「覇権安定論」（ＨＳＴ：hegemonic stability theory）がある。これは、簡単に言ってしまえば、世界に一国、強大な覇権国家があったとき、国際システムはもっとも安定するという理論である。なぜなら、ある一国が覇権国になり、その力（経済力、政治力、軍事力など）が、ほかのどの国よりも強大なら、国際システムを変更する、つまり覇権国に挑戦することはコスト的に見合わないからだ。

覇権安定論を唱えた経済史家チャールズ・キンドルバーガーは、著書『大不況下の世界　１９２９―１９３９』（岩波書店、２００９）で、第一次大戦と第二次大戦の間の経済的な混乱は、世界的な指導国の欠如にあると指摘した。つまり、覇権国が存在して世界を指導していかなければ、世界は安定しないというのだ。

覇権安定論では、覇権国の要件にも言及する。

すなわち、覇権国は世界を指導する意思を持ち、世界のルールをつくり、そのルールを執行する能力を持たなければならない。具体的には、強大な経済力、軍事力を持ち、安定的な政治体制を維持し、世界を説得できる理念の下に国際法や国際組織をつくる政治力が必要とされる。

実際、これまでの歴史を振り返ると、強大な覇権国家が存在したとき、世界は安定していた。ローマ帝国も、モンゴル帝国も、中国の統一王朝も、そして大英帝国も、その力が強大だったときは、戦乱や紛争はそれほど起こらなかった。

１９９０年（平成2年）、冷戦が終結したとき、この世界は「アメリカ一極世界」（unipolar world）になったと言われた。当時、父ブッシュ大統領は、「世界はアメリカによる一極体制に移行した」と高らかに宣言した。

ところが、このアメリカ一極体制は完成を見ず、そのために世界は不安定化していった。アメリカという国は、徹底的に帝国たろうとしない〝不思議な国〟である。自由や人権、正義と公正を最大の価値とするから、それができないのかもしれない。

その意味で、逆説的に覇権国家にふさわしくないとも言えるだろう。しかし、日本にとって歓迎できるのは、覇権安定論が説く一極世界である。一極とはならずとも、覇権国が強大でその力を発揮できている世界のほうが、日本は国内も安定し繁栄できる。多極化した世界では、日本はうまくやっていけない。

これは、第5章で述べた日本の近代史を考えてみれば、明らかである。明治期に英国、戦後にアメリカの属国であったとき、日本は発展し繁栄した。とくに戦後の日本の復活と繁栄は、アメリカ覇権（パックス・アメリカーナ）の下で、その庇護にあずかれたことが大きい。この間、アメリカは冷戦を戦い、世界中の紛争を一手に引き受けてきた。

しかし、今日、かつてのソ連に代わって中国がアメリカ覇権の挑戦国となってアジアを不安定にし、欧州ではふたたびロシアが台頭して混乱状態をつくり出し、中東ではアラブ諸国同士が勝手に地域覇権争奪戦を始めてしまった。

こんな世界では、日本は平和と繁栄を続けられない。

シーパワーとランドパワーとはなにか?

ではここから、現在の日本の安全と平和を脅かす中国を、地政学から捉えてみよう。地政学で重要なのは、「シーパワー」(sea power : 海洋国家)と「ランドパワー」(land power : 大陸国家)による覇権争いである。

地政学は、18世紀にドイツの哲学者カントにより「地理的事実を政治に応用する」として体系化された。その結果、二つの大きな潮流が生まれた。一つは、アメリカの戦略研究家アルフレッド・マハンの「シーパワー論」であり、もう一つは英国の政治家で地理学者のハルフォード・マッキンダーの「ランドパワー論」である。

シーパワー論は、簡単に言えば、「海を制するものは世界を制す」ということだ。これに対して、ランドパワー論は、「大陸を制するものは世界を制す」ということである。軍事的に言えば、前者は海軍による覇権確立であり、後者は陸軍による覇権確立である。

では、シーパワー(海洋国家)とは、具体的にどんな国家を言うのだろうか?

これは、かつての大日本帝國がそうだった。大英帝国も、いまのアメリカもシーパワーと言える。

アメリカは当初はランドパワー（大陸国家）だったが、国家の発展とともにシーパワーとなり、いまやどちらも兼ね備えた世界覇権国である。

歴史をさかのぼれば、シーパワーはいくつも出現している。古代ギリシャのアテネや、大航海時代のスペイン、ポルトガル、その後のオランダもシーパワーだった。シーパワーは、大陸の外縁部《がいえんぶ》（リムランド）や島嶼部《とうしょぶ》（アイランド）に位置し、領土支配よりも貿易を重視し、そのために合理的なシステムや法を整え、勢力を拡大する。現在の言葉で言えば、グローバリズムを推し進めるのがシーパワーである。

これに対してランドパワーは、主に大陸内部（ハートランド）に位置し、領土を根底にして勢力を拡大する。そのため、貿易などの合理的なシステムや法よりも、土地の支配や収奪を重視する。ランドパワーにおいては、民主制や資本主義は発展せず、専制や独裁が横行する。古代ペルシャ、近代プロイセン、ナチスドイツ、ソ連などがその典型で、現在のロシア、中国は、まさにランドパワーである。

ところが、いまの中国は海洋拡張政策を続け、シーパワーにもなろうとしている。このシーパワー路線がアメリカとぶつかっているのが南シナ海と東シナ海である。

世界覇権の交替の歴史

それでは次に、近代の世界覇権の歴史を振り返ってみたい。中国がアメリカ覇権の挑戦者となったいま、はたしてアメリカから覇権を奪うことができるのかが、最大の焦点だからだ。

近代史において、最初に世界覇権国として登場するのは、シーパワーとしてのポルトガルである。大航海時代の口火を切ったのはポルトガルであり、これに対して同じイベリア半島のシーパワー、スペインがポルトガル覇権に挑戦した。

両国は互いに争いながら、世界を二分する条約「トルデシリャス条約」(Treaty of Tordesillas)を結んだ。しかし、その後に覇権を握ったのは、覇権挑戦国のスペインでなくオランダであった。こうして欧州諸国は、貿易戦争と植民地獲得競争を繰り広げたが、その最終勝者は産業革命を起こした英国だった。英国は19世紀になると、シーパワーとして七つの海を支配し、パックス・ブリタニカを完成させた。

これに対して、ランドパワーは常に大陸内で衝突を繰り返してきた。フランスは英国と植民地争いをしたが、ナポレオンが出現すると、全欧州制覇を目指し、最後はロシアにまで攻め込んだ。ランドパワーとしてのロシアは、19世紀半ばにもっとも強大になり、ユーラシア支配をめぐって英国と「グレートゲーム」を繰り広げることになった。フランスが衰えた後の欧州では、プロイセンがドイツを統一してランドパワーとして急速に台頭した。このように、ランドパワーはランドパワー同士で争うばかりか、シーパワーとも激突してきた。

それでは次に、シーパワーとして最強だった英国から、世界覇権の交代史を見てみよう。そうすると、英国はこれまでランドパワーの挑戦を三度退けてきたことがわかる。一度目はフランスによる挑戦である。英仏の争いはアメリカ大陸における植民地争奪戦争から始まり、１８０５年のトラファルガー海戦でフランスが破れるまで続いた。

続いての挑戦者は、ロシアである。前記したように、19世紀半ばから英露はグレートゲームを繰り返した。このゲームが東アジアで行われたとき、英国側のハンドとなったのが日本である。三度目の挑戦者はドイツである。19世紀末に統一されたドイツ帝国は、英国より遅れて産業革命に成功すると、急速に力をつけ、ついに第一次大戦で英国とぶつかった。

しかし、三度も挑戦国を退けた英国だったが、第一次大戦後は力が衰え、アメリカが新しい覇権国として登場することになった。このアメリカ覇権に挑戦したのが、第二次大戦では日本とドイツ、戦後はソ連だった。これらの挑戦をことごとく退けたアメリカだが、いま、新たに中国の挑戦を受けている。

以上が、いまの世界の基本的構造である。

挑戦国が次の覇権国になったことはない

では、このような覇権の歴史からなにが言えるだろうか？　覇権国が時代によって代わることをつぶさに見ていくと、覇権国の交替のメカニズムが存在することに気がつく。地政学者が指摘するのは、覇権交代は覇権国と挑戦国の間で起こるのではないということだ。これは、覇権国というものが、その力が強大になればなるほど、システムと勢力の維持に消耗を余儀なくされるからだという。

覇権国は、力をつけてきた国により覇権への挑戦を受けるが、これによって両国は消耗し、その間隙《かんげき》を縫《ぬ》って違う国が台頭する。つまり、覇権挑戦国は次の覇権国になれないというのである。

それでは再度、歴史を振り返ってみよう。

前記したように、最初の覇権国であるポルトガルはスペインの挑戦を受けた。ところが、この両国の争いの後に、覇権国となったのはオランダであった。そのオランダもフランスの挑戦（ルイ14世時代）を受けて没落し、次の覇権を手にしたのはオランダの同盟国だった英国だった。そして英国は、フランスの挑戦を退け、ドイツの挑戦を退けたが、その後に世界覇権を握ったのはアメリカだった。

しかし、そのアメリカは、第二次大戦で世界覇権を確立したにもかかわらず、その半分をソ連に奪われてしまった。第二次大戦で、アメリカの覇権に挑戦したのは、アジアでは日本、欧州ではドイツだったが、この二国が敗れた後の覇権は、東欧ではソ連が握り、中国大陸では最終的に中国共産党政権が奪った。どちらも、アメリカ覇権に対する挑戦国ではなかった。

なるほど、覇権交代の歴史を見ると、覇権挑戦国は次の覇権国にならないということがわかる。結局のところ、覇権というのは「漁夫の利」で転がり込むことのほうが多い。

とすれば、中国がアメリカの覇権に挑戦しても、失敗する確率のほうが高いということになる。さらに、中国がアメリカから覇権を奪い、次の覇権国になることはもっと考えづらい。現在の中国は、アメリカの覇権に露骨に挑戦している。「中国の夢」の達成のために掲げる「一帯一路《いったいいちろ》」構想とは、海と陸によるユーラシア支配だから、ランドパワーとシーパワーの両面作戦を取っている。このような両面作戦は、常識から考えてもうまくいくはずがない。

ただし、いくら歴史のアナロジーがあるとはいえ、中国の挑戦が失敗するか成功するかは、アメリカ次第である。

【図表2】中国から見た世界（逆さ地図）

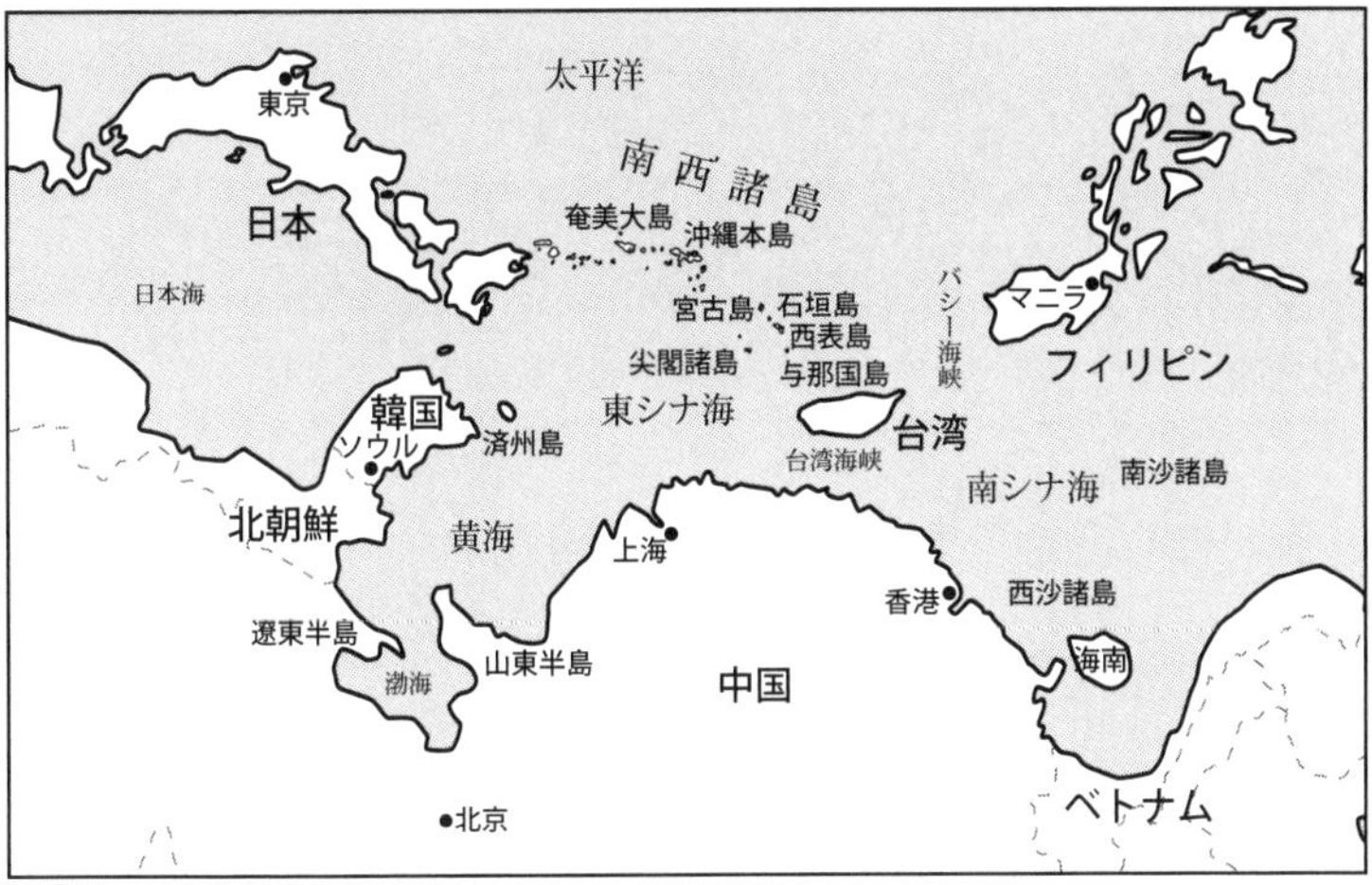

大陸を囲うように続く日本列島、南西諸島、台湾、フィリピンなどが外洋への出口を塞いでいる。

中国から見ると海はすべて閉ざされている

中国がシーパワーとしての顔をむき出しにしたのは、胡錦濤《フージンタオ》政権がアメリカに対して、太平洋をアメリカと二分してその西半分を中国が支配すること（いわゆる「G2論」）を持ちかけたときである。

もちろん、アメリカはこれを拒否した。もし、これをアメリカが受け入れたら、その時点で日本は中国の属国になるしかなくなっていただろう。

ここで、中国から世界を見れば、どう見えるか考えてほしい。**【図表2】**は、中国（北京）から見た世界を示している。

見ればおわかりのように、北京から見る海は、北から黄海、東シナ海、南シナ海であり、その先に太平洋が広がっている。ところが、中国はこの海のどこを通っても外洋にすんなりと出ていけないのだ。

遼東《リャンドン》半島と山東《シャンドン》半島を出れば黄海、東シナ海となるが、そこには、台湾、沖縄、そして日本がある。これらの地域はすべてアメリカ海軍によって守られている。また、南シナ海には、ベトナムとフィリピンがある。つまり、中国から外洋に出る海はみな閉ざされているのだ。

これでは、中国は自由な活動ができない。経済活動を支えるシーレーンの安全を確保できない。そのため、中国はまず南シナ海に目をつけたのである。すると、フィリピンからアメリカ軍が後退したことで、ここに「力の空白」(power vacuum：パワー・バキューム)ができていた。

それで、中国は「九段線」という勝手な概念を持ち出し、すでに七つの人口島をつくってしまったのだ。

人工島による南シナ海の領海化の進展

南シナ海の島嶼の領有権をめぐっては、これまでフィリピン、ベトナム、マレーシアなど周辺6カ国が争ってきた。

しかし、かつてベトナム領だった「西沙《せいさ》諸島」(パラセル諸島)はすでに中国が実効支配し、「南沙《なんさ》諸島」(スプラトリー諸島)も要所は中国のものになっている。

七カ所の人工島のうち6カ所は、1988年(昭和63年)にベトナム海軍との「南沙海戦」で奪ったものであり、残り一カ所は、アメリカ軍が1992年(平成4年)にフィリピンのクラーク基地とスービック基地から撤退した後の空白を突いて1995年(平成7年)に占拠したものだ。

この七カ所の人口島には、いずれも港湾施設と軍事施設がつくられている。たとえば、ファイア

【図表３】南シナ海で起こっている領有権争い

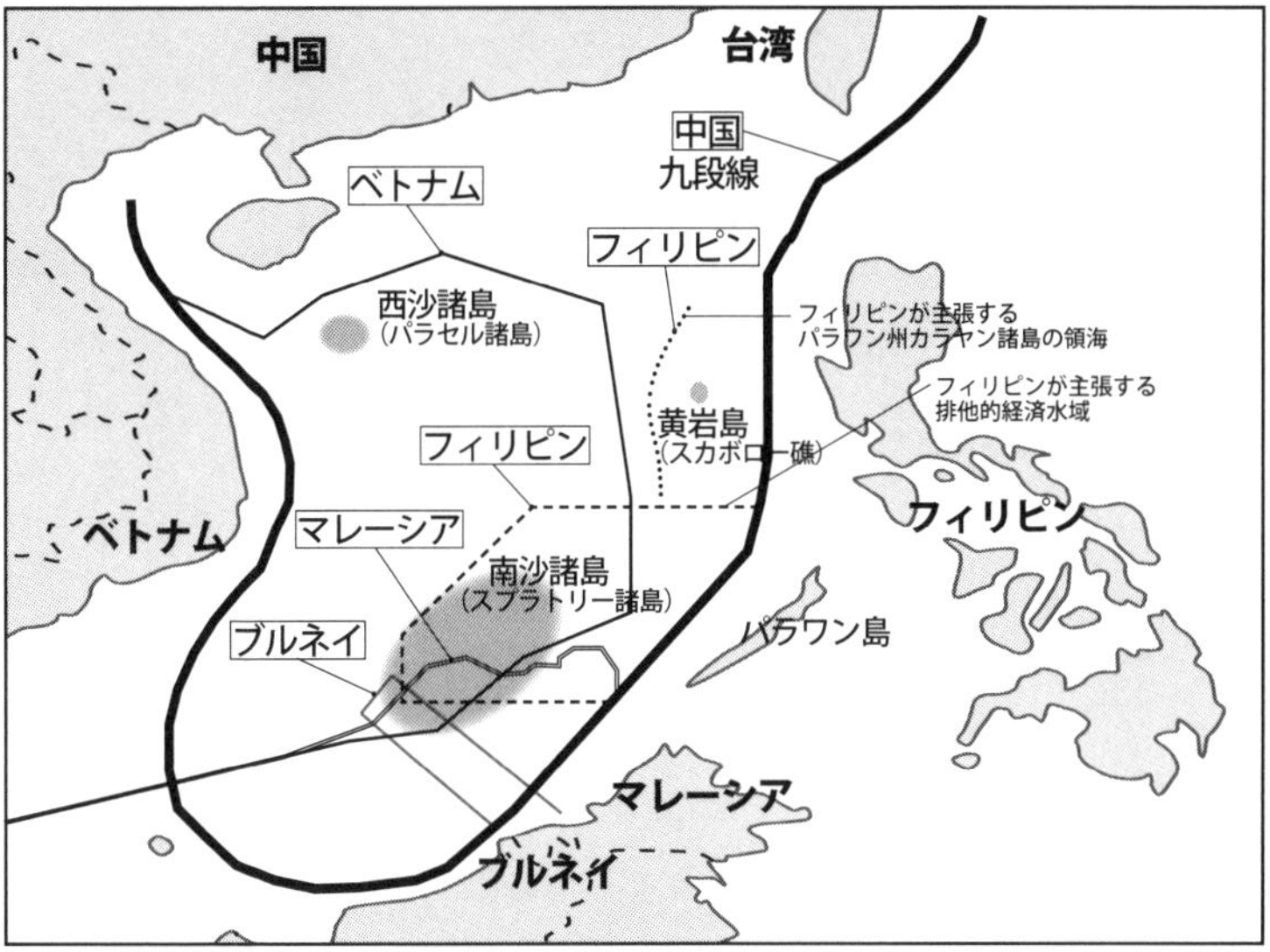

中国が主張する境界線が「九段線」。参照：UNICLOS and CIA

リークロス礁《しょう》では、３０００メートル級滑走路がつくられ、大型艦船が停泊できる埠《ふ》頭《とう》があり、対空砲、レーダータワー、通信施設、二つの衛星通信用と見られる10台のアンテナがある。

２０１７年（平成29年）２月21日、アメリカ政府は、ファイアリークロス礁、ミスチーフ礁、スービ礁の各人工島で、長距離地対空ミサイルを格納できる約20の開閉式の屋根が付いた構造物がほぼ完成していると発表した。

そして、中国が「中沙《ちゅうさ》諸島」と呼ぶ島礁群の一つスカボロー礁（黄岩島）も、着々と人工島建設が進んでいる。ここは、２０１６年（平成28年）７月にオランダの常設仲裁裁判所がフィリピン漁民の漁業権を侵害しているとした環礁だが、中国はまったく無視している。

このような中国の勝手な行動は、なんとしてでも自前《じまえ》のシーレーンを確保するという、強い意思の表れであり、露骨な拡張政策である。しかも、この南シナ海の領海化は、シーレーンの確保だけが目的でない。中国の核兵器による安全保障上の戦略でもあるのだ。

アメリカとの間に相互確証破壊を成立させる

現代の世界でもっとも大事なのが、第6章で述べたように、核兵器によるパワー・バランスだ。大国間においては、核兵器による「相互確証破壊」（MAD）が成立して、初めて自国の安全保障が保たれる。

しかし中国は、核兵器を持ったとはいえ、アメリカとの間に、いまだに完全なMADを確立できないでいる。なぜなら、MADを成立させるための核兵器の三本柱（核トライアド）のうちの二つに、中国は決定的な弱点を持っているからだ。中国はアメリカと核を撃ち合った場合、確実に敗ける状況にある。

核トライアドの三つ、つまり「ICBM」「SSBN」（弾道ミサイル搭載原子力潜水艦）「戦略爆撃機」の三つのうちICBM以外は、アメリカ本土への攻撃はほぼ不可能の状態にある。

SLBM（潜水艦発射弾道ミサイル）を搭載した中国の潜水艦は、現状ではアメリカ本土に近づくことはもとより、外洋に出ることすらもできない。出たとしても、すぐにアメリカに発見される状況にある。これでは、射程距離が短いSLBMでは米本土攻撃は不可能である。

続いて、戦略爆撃機だが、中国の戦略爆撃機とされるH－6K（轟炸六型《ホンチアシ》K：Hong-6K）は、航続距離が短く、そのうえ空中給油が満足にできない。つまり、米本土には達することができないため、ＳＬＢＭと同じく米本土を攻撃できないのである。さらに、ＩＣＢＭに関しても、大陸間を飛んでアメリカを直撃できるとはいえ、発射地点が固定化されているために、すぐに発見される可能性がある。そうなると、迎撃ミサイルにより迎撃される可能性が高まる。

つまり、中国の核戦力はアメリカに比べたら、足元にも及ばないのである。

この弱点をカバーし、アメリカの核戦力と対抗するためにはどうしたらいいか？　じつは、南シナ海の領有化は、その一つの方法と言えるのである。

なぜなのだろうか？

現在、中国は爆撃機Ｈ‐６Ｋの改良を続けている。米本土攻撃を可能にするため、航続距離と巡航ミサイル「ＣＪ‐10」の射程を伸ばすことに専念している。こうして、航続距離を延ばしたＨ‐６Ｋが米本土に対して攻撃を行うためには、まず、沖縄やグアムなどの米軍基地のある島々を無事に通過し、さらに艦対空ミサイルからの脅威にさらされながら、太平洋上空をできる限り遠くに飛ぶ必要がある。

とすれば、南シナ海の人工島は、戦略爆撃機の基地として、戦略上重要な意味を持つ。なぜなら、人工島によって、南シナ海の制海権と制空権を握ることができれば、戦略爆撃機の安全が確保されるからだ。

ちなみに、現在、Ｈ‐６Ｋは安徽《アンホイ》省安慶《アンチン》北基地と内モンゴル自治区フルンボイル西山基地に配備されており、巡航ミサイル「ＣＪ‐10」の射程は１５００～２５００キロとされるから、日本列島は完全な射程内である。

２０１６年（平成28年）７月18日、中国は、爆撃機を含めた空軍機が南シナ海のスカボロー礁の上空を監視飛行したことを明らかにした。また、今後もこの行動を継続する方針を示した。すでに、中国は「南シナ海のほぼ全域に管轄権を持つ」と主張しているので、この行動はそれを見せつけるものだった。

ところで、戦略爆撃機というのは、示唆行動（力を誇示する）にはうってつけである。北朝鮮は、２０１６年９月９日に核実験をやったが、その数日後、アメリカ軍はグアムからＢ１Ｂ戦略爆撃機二機を韓国上空に出動させた。これは、いつでも平壌《ピョンヤン》に核爆弾を投下し、平壌をこの世から消滅させる用意があるという警告だった。

中国原潜が発射するＳＬＢＭがアメリカに届く

南シナ海の領有化が、核戦略的にもっとも意味を持つのが、ＳＬＢＭ搭載の潜水艦が自由に航行でき、敵から発見されないための潜水行動を取れることだ。じつは、南シナ海は、潜水艦が隠れるには最適の深度を有している。

中国は２０１１年に、海南《ハイナン》島南端の三亜《サンヤ》に玉林《ユーリン》海軍基地を完成させた。この海軍基地には、ＳＬＢＭを搭載するジン級原子力潜水艦が配備された。三亜は南シナ海への出口である。

中国が開発した長射程のＳＬＢＭ「ＪＬ-２」は運用段階に入ったとされるが、その全容は不明だ。ただ、完成すればその射程は７４００キロと言われている。さらに中国は射程が一万キロを超える「ＪＬ-３」を開発中という。

とすれば、中国の原潜が密かに南シナ海に出て、そこからＳＬＢＭを発射すれば、アメリカ本土に届くようになる。

ところが、南シナ海は公海である。アメリカ側も自由に艦艇や航空機を派遣できる。したがって、アメリカ側は中国原潜の位置を哨戒《しょうかい》行動により探知できる。となれば、ＳＬＢＭ発射前に原潜攻撃も可能だ。

つまり、中国にとって、南シナ海はどうしても自国の領海にしてしまいたいのである。そうすれば、アメリカは手を出せなくなる。つまり、そうなって初めてアメリカとの間でＭＡＤが成立し、中国の安全保障が確立される。第一撃でＩＣＢＭなどが破壊されても、ＳＬＢＭが生き残れば、第二撃が可能になるからだ。

この米中にＭＡＤが成立するということは、日本にとっても大きな意味を持つ。一つは、南シナ海に中国原潜が自由に展開されるようになれば、ＳＬＢＭ「ＪＬ‐２」によって日本への攻撃が可能だということ。もう一つは、アメリカとのＭＡＤが成立することで、日本への核の傘が効かなくなることである。これは、中国が日本を核攻撃しても、アメリカが反撃できないことを意味する。

このように見てくると、これまでアメリカが実施してきた「航行の自由作戦」（ＦＯＮＯＰ：Freedom of Navigation Operation）は、あまりにも甘い作戦である。なぜなら、イージス駆逐艦《くちくかん》は中国の人工島の12カイリ以内を航行していないからだ。中国は人口島を領土だと主張している。とすれば、それを否定させるためには、12カイリ以内を航行し、場合によっては停船しなければならない。さらにイージス艦ぐらいでは足りない。アメリカは「空母打撃群」（ＣＳＧ：Carrier Strike Group）を常に南シナ海に展開させておかなければならない。

トランプ政権は政権発足以後6カ月間でFONOPを二回しか実施していない。

中国が実行している「キャベツ戦略」

中国はこれまで、南シナ海で成功してきた方法により、尖閣諸島を奪おうとしている。そのために、漁船や公船による日本の接続水域、および領海に対する侵入を繰り返してきた。そのたびに日本政府は猛然と抗議してきたが、すべて無視である。

では、中国はどのような方法で尖閣諸島を奪おうとしているのだろうか？

まずは漁船による侵入である。それを徐々にエスカレートさせ、次は大規模な漁船団の派遣である。これを「魚攻」と呼ぶ。中国の漁船というのは、その一部には民兵が乗り込んでいる。したがって、そういった漁船には、当然だが銃などの武器が積まれている。つまり、号令が掛けられれば、たちまち戦闘が始まることになる。

民兵の活用は、大昔から中国で行われてきた戦法である。戦争においては、まず民兵が敵地に入り込んで地ならしを行い、諜報《ちょうほう》活動に励む。こうすれば、その後、進出してきた正規軍は効果的に活動ができる。

漁船団の次は、それを保護する名目で、漁業監視船（＝海監）がやって来る。海監の後方には、フリゲート艦などの軍艦が配置される。

このようなやり方は、「キャベツ戦略」と呼ばれている。中国語では、「包心菜《パオシンツァイ》戦略」。包心菜とはキャベツのことだ。なぜキャベツかと言うと、島や環礁をキャベツの葉で一枚ずつ包み込むように攻めて来るからだ。

すでに、中国に取られてしまった南シナ海のスプラトリー諸島、パラセル諸島、スカボロー礁は、みなこの戦略でやられてきた。

このキャベツ戦略で問題なのは、段々に作戦行動のレベルが上がることだ。漁船、監視船の次には、必ず軍艦が来る。中国海軍のフリゲート艦は、すでに尖閣諸島の久場島《くばしま》周辺の接続水域に入ったことがある。これは正真正銘の軍艦である。海監のような巡視船と違って「軍」の船である。

となると、こちらの警戒レベルも当然、上げていかなければ対抗できなくなる。海上保安庁の船で守ることは不可能になる。すでに、尖閣海域は、中国海軍と海上自衛隊がいつ衝突してもおかしくないレベルまで来ている。

尖閣地域での戦闘は日中どちらが有利か？

ところで、東シナ海と南シナ海の全域を支配した国家は、歴史上、日本しか存在しない。１９４２年（昭和17年）時点の大日本帝國は、その意味で、世界史上〝最強の海洋強国〟だった。現在の中国の比ではない。

ただし、東シナ海と南シナ海の全域を支配したといっても、それは拠点の支配にすぎなかった。ところが、中国は拠点ばかりか、海洋全域とその周辺まで支配しようとしている。まったく馬鹿げているとしか言いようがないが、尖閣諸島に関しては、本当に危惧《きぐ》しなければならないことがある。

【図表４】尖閣諸島の地理的位置

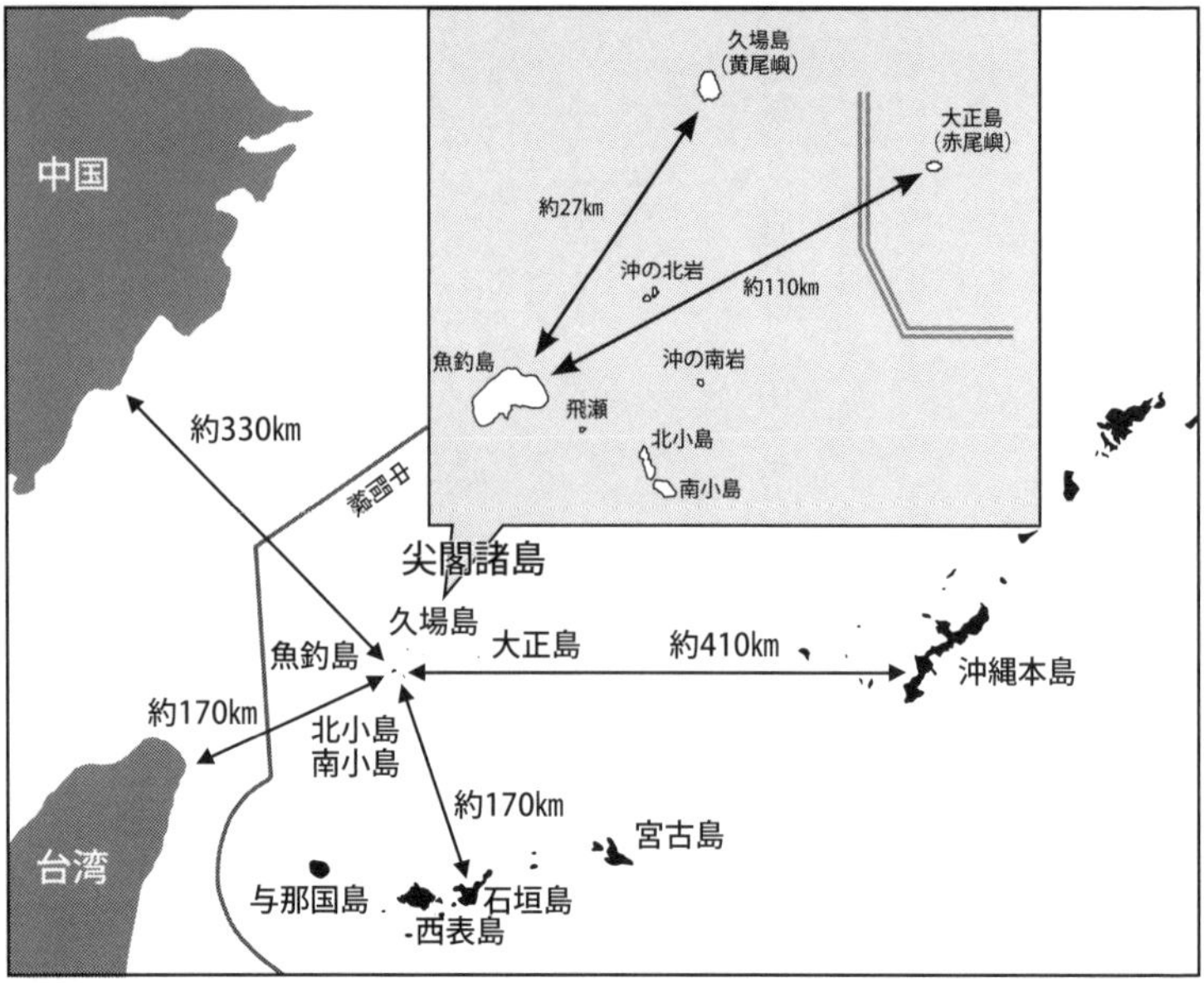

参照：海上保安庁レポート 2014

それは、この海域が南シナ海の人工島などに比べると、中国本土からは至近距離にあることだ。これは、「戦力は根拠地から戦場への距離の二乗に反比例する」という法則に照らせば、日本より中国のほうがはるかに有利なことを意味している。

尖閣諸島は、中国大陸から最短距離で約３３０キロである。しかも、人民解放軍は尖閣諸島から約３００キロ北西にある浙江《チージアン》省に属する南麂《ナンジー》列島に駐留しており、ここにレーダーシステムを設置し、ヘリポートと滑走路の整備を進めている。

これに対して、尖閣諸島の日本本土からの距離は、佐世保《させぼ》で約１０００キロ、横須賀からは１９００キロも離れている。沖縄本島からは約４１０キロである。日本の尖閣防衛の最前線は、与那国《よなぐに》島になるが、ここに陸上自衛隊の駐屯《ちゅうとん》地が開設されたのは、２０１６年3月になってからだ。つまり、戦力の中身（武器などの装備、兵器、兵力）を別とすれば、尖閣地域での戦闘は中国のほうが有利なのである。

ただし、自衛隊関係者、軍事専門家に聞くと、東シナ海における中国軍と日本軍（自衛隊）の力を単純に比較すれば、日本軍のほうがはるかに上だという。彼らが強調するのは、「制空権と制海権を握れば問題ない」ということで、これを中国に奪われることはないと断言するのだ。現在、那覇《なは》には航空自衛隊のF‐15が約20機待機している。これに対して中国空軍の主力戦闘機J‐10（殲撃《ジアンジ》10型）は性能で劣るので、空中戦で自衛隊機が敗けることはないと言う。

また、海軍艦艇でも、中国海軍のイージス艦の性能は海上自衛隊のイージス艦とは雲泥の差がある。さらに、哨戒能力でも自衛隊はＡＷＡＣＳ（早期警戒システム）によって半径約４００キロ以上をカバーしているので、中国の動きは手に取るようにわかると言う。

しかし、これらはすべてアメリカ軍のサポートがあっての話である。しかも、中国本土には地上発射型の中距離ミサイルが配備されている。さらに、戦争の帰趨《きすう》とは、現場の戦闘によって決まるのではない。必ず、政治が絡《から》む。

アメリカに見捨てられ5日で敗れる日本

２０１６年1月、アメリカの外交専門誌『フォーリンポリシー』(The Foreign Policy) に、シンクタンクのランド研究所による「日中〝尖閣〟衝突」のシミュレーション（机上演習）記事「How FP

Stumbled Into a War With China – and Lost」が掲載された。それによると、なんと日本は5日間で中国に敗北することになっている。

〔1日目〕日本の超国家主義者が尖閣諸島に国旗を掲げる。中国政府は海軍を送り中国海兵隊が活動家を「逮捕」する。

〔2日目〕日本は尖閣諸島へ艦艇や戦闘機を派遣。日本政府はアメリカに日米同盟の履行を求め、アメリカは空母打撃群に対して西太平洋外海への移動を指令。攻撃用潜水艦を派遣する。

〔3日目〕尖閣海域での衝突が本格化。中国海軍は日本の艦艇を撃沈。アメリカの潜水艦も中国の駆逐艦を撃沈。双方の死傷者は数百人に達する。これは、アメリカが日本防衛の意思を表した結果だった。中国はアメリカの攻撃に驚く。

〔4日目〕中国は血を流さずに米国に被害を与える方法を選択する。中国はカリフォルニア州の電力網のサイバー攻撃を実施し、ロサンゼルスとサンフランシスコが大停電に。ナスダックにも深刻な被害が発生し、金融パニックが発生する。中国は自衛隊への攻撃も続行する。

〔5日目〕中国の攻撃は日本の海上部隊の20パーセントを一掃する。次に中国は、日本本土への攻撃も開始し、電力網と精油施設を破壊する。日本はアメリカに中国に対する攻撃を要請するが、アメリカはこれを拒否。「中国本土を攻撃したり、日本と合同作戦を行い、中国軍を撃退したりすることはできない」と通知。その代わりに日本戦力の本土撤退作戦を支援すると提案。これにより、中国は勝利を宣言する。

この経緯を見れば明らかなように、アメリカが引くことが、中国に勝利をもたらすことになる。もっとはっきり言えば、最終的に日本はアメリカに見捨てられるのである。

当初、アメリカは日米同盟により日本を助ける。しかし、それによるダメージが本国まで及び、さらに核戦争にまで発展する可能性が出れば、その手前で手を引くのは合理的な選択だ。それ以前に、このシミュレーションが指摘しているのは、「ミサイル攻撃主体の現代戦において先制攻撃能力を持たない日本は甚大な被害を出してそのまま敗北する」ということだ。

だから、ランド研究所のレポートは、尖閣諸島でなにが起きてもアメリカは無視をするべきだと提言している。これが、政治である。

ドイツの海洋進出はなぜ失敗したのか？

ここで、ふたたび地政学に戻り、中国の海洋進出が失敗するケースを考えてみたい。ランドパワーがシーパワーとして拡張戦略に出たとき、失敗した例が歴史にはある。

19世紀後半、ドイツはプロイセンの宰相《さいしょう》ビスマルクによって統一されていくが、その過程で、大陸内の同じランドパワーと激しくぶつかった。ドイツは、まずオーストリアと「普墺《ふおう》戦争」を戦い、次にフランスと「普仏《ふふつ》戦争」を戦って、ともに勝利を収めた。その結果、ドイツの国力は充実し、さらに拡大政策を取ることになった。

それでは、当時のドイツになって、自身の地理的位置を確認してみたい。大陸内において、ドイツの東にはポーランドをへてロシアが控えている。西はといえば、フランスが控えている。この両方に拡大政策を取れば、必ず大規模な戦争になる。とすれば、産業革命に成功したドイツは、英国のように海外に植民地を求め、海洋進出をはたすのがもっとも賢い選択となる。

ところがドイツには、海洋への出口がほとんどない。ドイツ北部は海に面しているが、東側のバルト海はデンマーク半島とスウェーデン、ノルウェーによって狭められている。西側の北海への出口にはオランダが横たわっている。さらに、狭いドーバー海峡を隔てて英国（ブリテン島）がある。ここを出るには、常に英国に監視されることを覚悟しなければならない。

とすると、ドイツが大西洋に出るには、英国とノルウェーの間をまっすぐ北上し英国の北を迂回《うかい》するほかにない。

そのため、ドイツは邪魔な英国を打倒しようと、海軍力を強化する策に出た。皇帝ウィルヘルム二世は、「ドイツの未来は海にあり」として、強大な艦隊建設に乗り出した。

どうだろうか？　これは、まるでいまの中国がやっていることと同じではないだろうか？　相手の英国がアメリカ及び日本に代わっただけだ。

艦隊建設と並行して、ドイツは、ベルリンからイスタンブール、バグダッドにいたる鉄道を建設する「３Ｂ政策」を推進した。これもまた、現在の中国の「一帯一路」戦略の陸のシルクロードとダブらないだろうか？　ドイツの「３Ｂ政策」は、やがて必然的に、英国の「３Ｃ政策」とぶつかることになる。

こうして第一次大戦で、独英は戦った。そして、英国がドイツの海洋進出による覇権挑戦を退けることになった。

ただし、英国がドイツを退けたのは、アメリカが参戦したからだった。当時のアメリカ大統領のウッドロー・ウィルソンは南北戦争の経験者だったので、当初、大陸に兵を送ることを渋った。それまでのアメリカは、「モンロー主義」（Monroe Doctrine：孤立主義ではない。欧州に干渉しない代わりに欧州は新世界＝南北アメリカに干渉するなという政策）を貫いてきたからだ。

しかし、ドイツの無制限潜水艦作戦により、英客船ルシタニア号が沈められ、アメリカ人１２８名が死亡したことでアメリカの世論は変わった。

第一次大戦は、このアメリカの参戦で決着した。英米は大西洋の制海権を抑え、大陸を経済封鎖したため、ドイツは補給を絶たれてしまった。ドイツは第二次大戦で再び英国に挑戦するが、またも大西洋の覇権を奪えず、アメリカの参戦によって敗れた。

地理的環境は、これほど国家の運命を左右するのである。

二回の敗戦から学んだドイツは、第二次大戦後は一貫して欧州統合の旗振り役を担い、ついにＥＵの盟主となって現在にいたっている。

つまり、アメリカがこの歴史の教訓に学んで中国を押さえ込めば、中国の海洋進出は必ず失敗する。しかし、核戦争が想定されるなかで、本気で戦えるだろうか？

マゼランより１００年も早い鄭和の大航海

もう一つ、中国自身の歴史から、海洋進出は失敗するという見方がある。これは、私の友人で国際

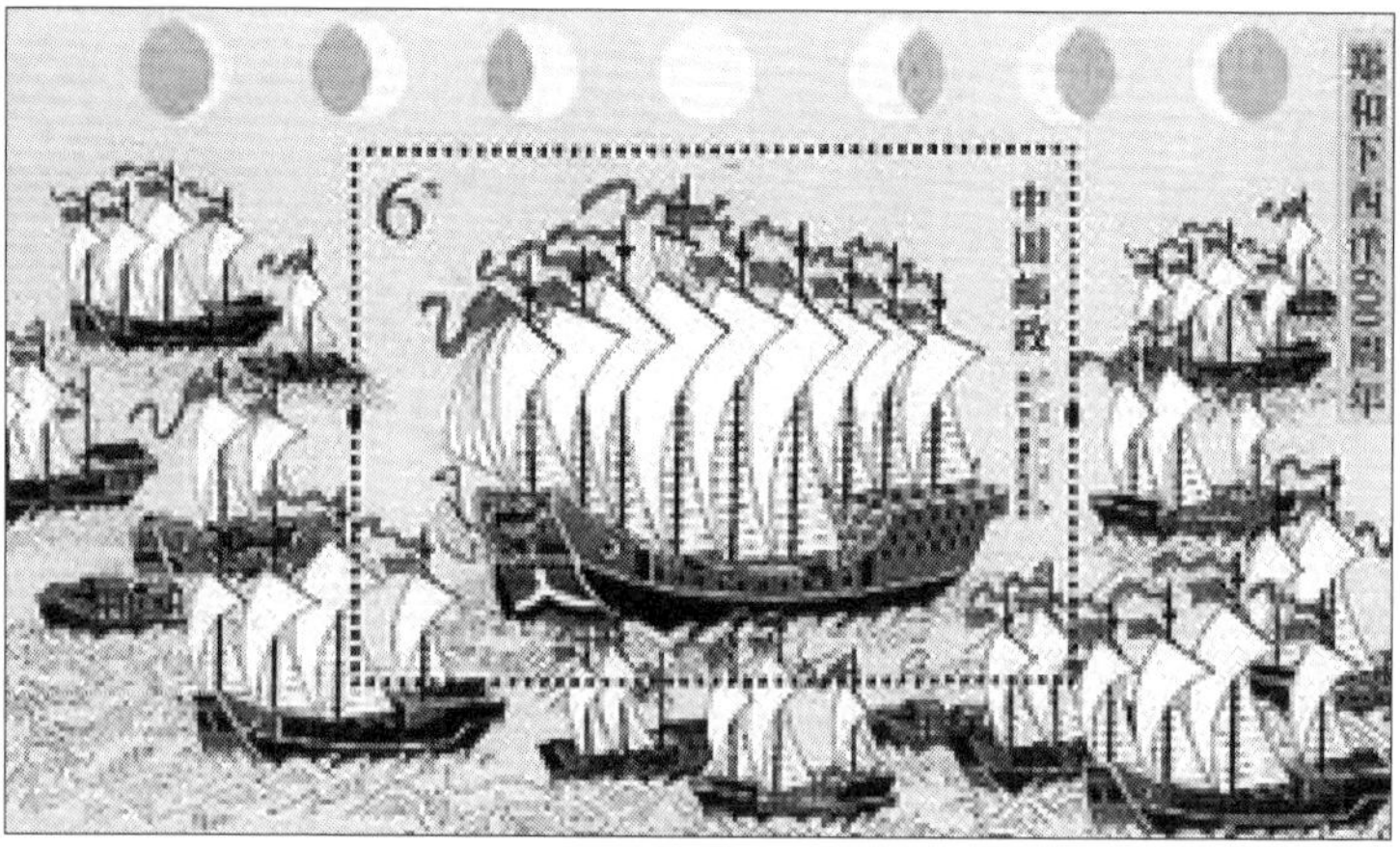

2005年に中国郵政が発行した「鄭和下西洋600周年」記念切手

政治学者の藤井《ふじい》厳喜《げんき》氏が、著書『最強兵器としての地政学』（ハート出版、２０１６）のなかで述べているが、中国は伝統的に海が苦手だという見方である。

　じつは中国が海洋進出を図ったのは、今回が初めてではない。明朝の永楽帝《ヨンリャ》の時代に、大規模な海洋進出を行ったことがある。それは、欧州が大航海時代に入る前であり、欧米中心の世界史からは忘れ去られた出来事だが、近年、世界的に注目されるようになった。すでに、ＮＨＫのドキュメンタリー番組でも放映されている。

　永楽帝は、万里長城《ワンリーチャンチョン》、紫禁城《チージンチョン》、天壇《ティエンタン》を建設するなどして明の最盛期を築いた大皇帝で、15世紀の初めに、臣下の鄭《チョン》和《ファ》に命じて大艦隊の建造に乗り出した。鄭和はこの艦隊を率いて、１４０５年から１４３３年にかけて7度の大遠征を行い、その行き先はインド洋から大西洋にまで及んだとされる。

　イギリスの退役海軍将校で歴史学者でもあるガビン・メンジースによると、鄭和艦隊は１４２１年３月から１４２３年10月にかけて世界一周の航海を行い、艦隊の一部はアフリカ南端から北上してカリブ海沿岸に達し、さらに別の一部はカリフォルニア沖まで達したという。これは、マゼランが世界一周航海をする１００年前のことである。

鄭和の大航海は、当時の明朝の国家的な大事業だった。皇帝の命令で建造された船は、数年間で１７００隻に上り、当時の最新技術が投入された。建造された船のうち「宝船《バオチュアン》」と呼ばれる大型船は、最大９本のマストを持ち、宋代から使用されていた羅針盤を備えていた。最大で長さは１４０メートル、排水量は３０００トンに達した。

これをマゼラン艦隊の船と比較すると、途中で沈まず世界一周に成功したビクトリア号はわずか80トンにすぎない。また、コロンブスがアメリカを発見する航海で使ったサンタ・マリア号も80トンで、船長は24メートルにすぎなかった。

永楽帝の死去とともに海洋進出も終了

では、なぜ、明はこのような大事業を行ったのだろうか？

７度にわたる大遠征中、鄭和艦隊は、何度か軍事力を行使したことが確認されている。たとえば、１４１１年の第３次遠征では、セイロン島の王国の内戦に介入しており、明に忠誠を誓わなかった王を捕らえて本国まで連行している。

しかし、明は遠征先で武力を使って領土を要求したり、略奪を行ったりはしなかった。明には領土的野心はなく、中国王朝の伝統的覇権システムである「冊封体制」を世界に広げることが、遠征の目的だったという。そのため、鄭和艦隊は財宝を船に積んで、寄港する先々の国々に配って回った。そうして、各国に明との交易を求めたのである。

ところが、この海洋進出は、永楽帝が死去するとあっけなく幕を閉じることになった。それは、永楽帝の次の洪熙《ホンシー》帝の朝廷内部で、宦官《かんがん》と儒家《じゅか》の抗争が起こったからである。永楽帝の時代に海洋進出を担ったのは、宮廷内の色目人《しきもくじん》の宦官たちだった。色目人とは、中央アジア・西アジア出身の人間たちで、主にペルシャ・トルコ系の人々である。つまり、漢民族とは違う民族である。鄭和も色目人だった。

彼らは大航海で珍しい財宝を持ち帰ったりしたため、宮廷内で次第に勢力を拡大していった。

これを、実際に政治を動かしてきた儒家たちは面白く思っていなかった。儒家というのは、科挙《かきょ》の試験をパスしてきた官僚エリートである。彼らは「交易の拡大は国家財政の浪費になる」（いまで言えば保護貿易主義）として、永楽帝が死ぬと海洋遠征を潰《つぶ》しにかかった。この抗争は、結果的に儒家が勝ち、大型船の建造は中止されることになった。

その後、明では１５００年に、二本マスト以上の船を建造することが禁じられ、さらに１５２５年になると、海外渡航できる外洋船を取り壊す命令が下った。

こうして中国は、鄭和の遠征からわずか１００年で「鎖国」し、海外貿易禁止の国に転じてしまったのである。

このことから言えるのは、中国人自身（漢民族）は、海が好きではないということだ。漢民族というのは、もともと「中原《チョンユアン》」（黄河中下流域にある平原）で暮らしていた人々である。中原は、地政学で言えば「ハートランド」である。つまり、中国は潜在的にランドパワーなのである。中国王朝の起源はすべて中原にあり、漢民族というのは海をよく知らない人々と言えるだろう。

現在の北京共産党政権は、官僚支配体制である。中国の歴代王朝に近い。とすれば、彼らは伝統的に海をあまり好きではない。現在のシーパワー戦略は中国の官僚にとっては、苦手科目と言えるのだ。

南シナ海、東シナ海は「戦略的辺疆」

いずれにしても、地政学では「国家は自律的に必ず拡張する」とされている。ランドパワーにしてもシーパワーにしても、常に拡大を志向する。これは、会社も同じだ。国内で成功して大きくなった会社は、必ず海外進出して、さらなる成長を目指す。

地政学の権威の一人、ドイツの地理学者フルードリッヒ・ラッツェルは、「レーベンスラウム（生存圏）」拡大論を唱えた。「国家は生きている有機的組織体であり、必然的により大きな生存圏を求めるようになる」と述べた。

現在の中国の拡張政策の基本となっているのが、１９８７年（昭和62年）に中国三略管理科学研究院の徐光裕《シーグアンイー》高級顧問が論文で提唱した「戦略的辺疆《せんりゃくてきへんきょう》」論である。

中国語で「疆《ジャン》」というのは「境《ジン》」ではなく「地域」を示す。つまり、国境は国際的に承認された「境」だが、「辺疆《サンジャン》」は地域だから、国境、領海、領空とは異なり、「国家の総合力の増減で伸縮する」と規定したのが、この論文のユニークなところである。

したがって、中国の力が強まれば、戦略的辺疆はどんどん拡大していく。当初、戦略的辺疆は内陸部だった。それが、海洋にも広がり、南シナ海、東シナ海まで拡大してしまった。海はどこまで行っても国境がないから、中国にとっては、すべてが戦略的辺疆になってしまう。

中国は、いまやアメリカに次ぐエネルギー消費国だが、それを運ぶルート（シーレーン）は、すべてアメリカが握っている。サウジアラビアから石油を運んでくる一万キロ以上のシーレーンは、すべてアメリカ海軍の領域である。ドイツが欲したシーレーンをすべて大英帝国が押さえていたのと、まったく同じだ。

「シーパワー論」を提唱したマハンは「兵站《へいたん》を重視し制海権を確保せよ」と述べた。この教えを実践しなかったのが日本海軍で、日本海軍は艦隊決戦ばかりを志向して兵站を軽視したため、最終的に日本を滅亡に導いてしまった。

中国は、このことを知っているから、日本海軍のようなミスは犯《おか》さないであろう。

日本が取るべきたった一つの戦略

現在の中国海軍は、アメリカ海軍と比べたらまだまだ圧倒的に差がある。中国は念願の空母を保有し、空母艦隊を整えつつあるが、その陣容はアメリカと比べたら格段に落ちる。空母「遼寧《リアオニン》」は、ウクライナで建造中止となった旧ソ連製空母「ワリャーグ」の改造艦であるし、艦載機、護衛するイージス駆逐艦、潜水艦すべてが、アメリカより劣っている。

アメリカには11個もの空母打撃群（CSG：Carrier Strike Group）があり、その艦上には最新の艦載機がいつでも飛び立てるよう準備されている。

そのため、中国は、旧日本海軍のような海軍戦力の真っ向勝負を志向していない。中国は「接近

【図表５】中国の海洋防衛ライン

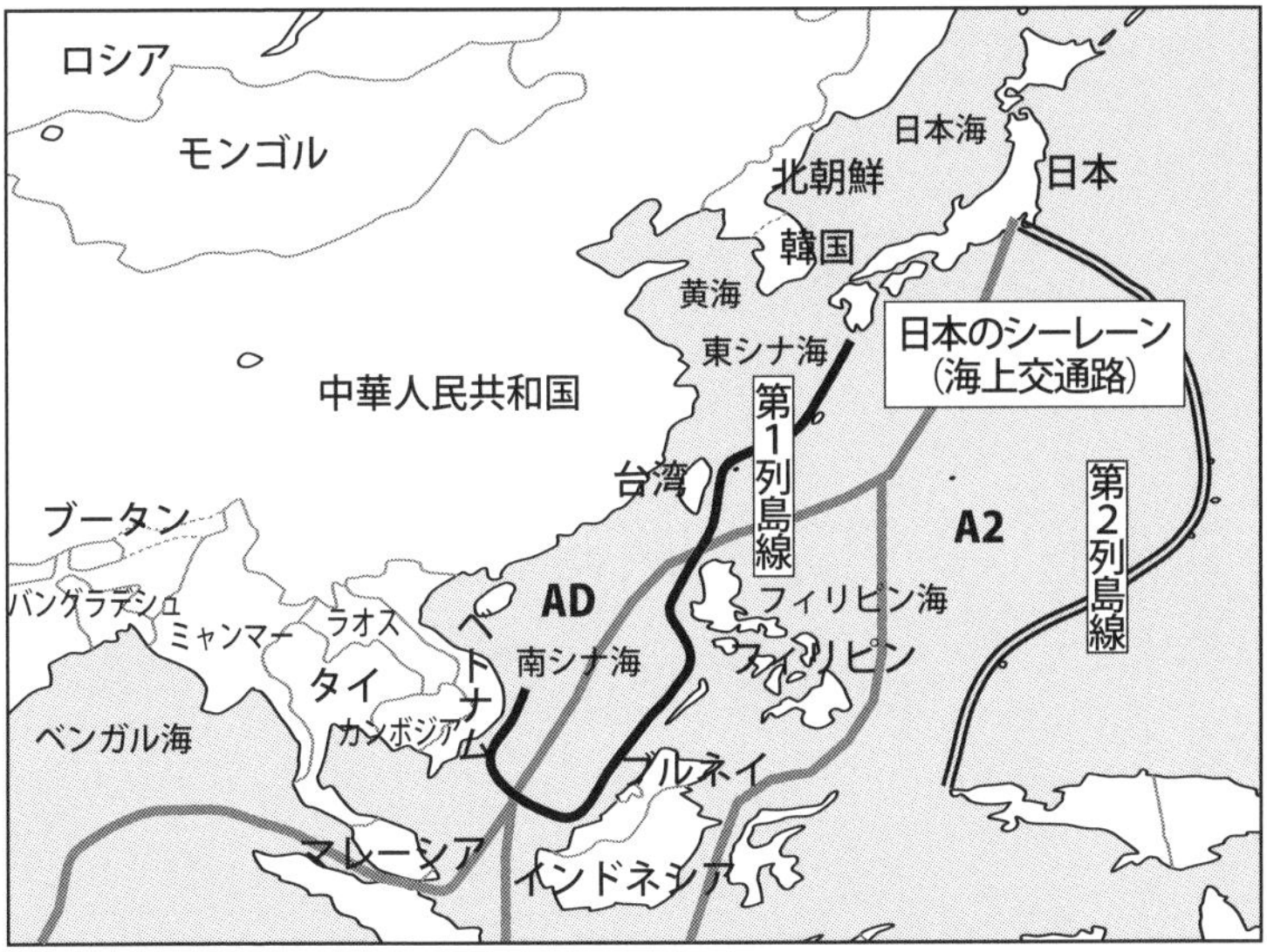

第１列島線の内側が「領域拒否ゾーン」（AD）、第２列島線の内側が「接近阻止ゾーン」（A2）

阻止・領域拒否」（anti-access/area-denial：A2AD）という戦術を採用して、海軍の戦略としている。「接近阻止・領域拒否」の名付け親は、アメリカ国防省である。ただし、アメリカ海軍は２０１６年から、用語としての「A2AD」の使用を禁止した。というのは、この用語の最大の受益者が中国だからだ。つまり、「A2AD」は中国の身勝手な戦略をあまりに端的に表している。

遠方から来る敵（つまりアメリカ軍）を中国の防衛ライン内に入れさせないというのが「接近阻止ゾーン」（A２）であり、防衛ラインを突破されてもその内側で敵に自由な行動を許さないというのが「領域拒否ゾーン」（AD）である。この防衛ラインというのが、上の**【図表５】**が示す「第１列島線」「第２列島線」である。第２列島線はなんと日本の小笠原諸島からグアムをへてニューギニアまでに達しているが、中国はここに接近することを拒否し、突破された場合は第1列島線で徹底的に防衛するというのだ。

とすると、これはかつて帝国海軍がアメリカ海軍に対して取った「漸減邀撃作戦《ぜんげんようげきさくせん》」に近い。この作戦は日露戦争時の日本海海戦の教訓からえたもので、大国の最強艦隊でも近海に引き寄せて戦えば、7割の兵力でも撃破できるというものだ。しかし、山本五十六《やまもといそろく》という愚かな司令官がこれを無視して、連合艦隊の機動部隊をミッドウェーにまで繰り出し、アメリカ太平洋艦隊の待ち伏せに遭って壊滅的な打撃を被《こうむ》った。これで、太平洋戦争の帰趨は決してしまった。

いずれにせよ、アメリカが中国の覇権挑戦を断固として退けるという姿勢を示せば、中国の戦略は失敗する可能性がある。トランプ政権は、オバマ前政権のような軟弱な平和志向路線を捨て、ニクソン、レーガン政権のような戦略重視の政策に転換しなければならない。

そうなれば、日本が取るべき戦略はたった一つしかない。

アメリカと中国をけっして仲良くさせないことだ。これに尽きる。両大国を常に緊張状態に置かせ続けなければ、日本の将来は危《あや》うい。アメリカの属国である以上、これ以上の戦略は取りようがなく、この緊張を利用して、独立を図っていくしかない。そうして、最終的に核を保有し、中国との間に相互確証破壊を成立させなければ、日本の安全と平和は確立できない。

第8章
アメリカ世界支配の構造

星条旗に埋め尽くされたニューヨーク

２００１年９月11日、その後の世界を決定づける「同時多発テロ」が起こった。冷戦が終わってたった10年ほどで、世界は「対テロ戦争」に突入してしまった。

あの日、ニューヨークの貿易センタービル（ＷＴＣ）が煙を上げて崩壊していく姿は、いまも私の目に焼きついて離れない。私はその光景をテレビの画面で見ただけだが、そのときはいったいなにが起こっているのかまったくわからなかった。

じつはこのとき、私と妻はアメリカから帰国したばかりだった。メイン州のポートランド空港からシカゴ経由で日本に帰り、テレビをつけたら、騒然とするニューヨークの光景が映し出されていたので、わが目を疑った。さらに、その後の報道で、もっと目を疑うことが起きた。

なんと、テレビ画面に、ポートランド空港の搭乗ゲートを通る不審人物の姿が映し出されたのだ。ポートランド空港は前日私と妻が乗り込んだ空港である。テレビに映し出された搭乗ゲートを、私たち夫婦は不審人物と同じようにして通ってきたばかりだった。

レポーターの解説によって、事情が判明した。不審人物の名はモハメド・アタと言い、世界貿易センターのノースタワーに突っ込んだアメリカン航空11便をハイジャックした人物（主犯）だった。

彼は、ポートランド空港からボストン行きに乗り、ボストンのローガン空港でアメリカン航空11便に乗り換えたと言うのだ。思わず私は「まさか」と叫び、こんなことがあるのだと思った。

その後、日本ではあのテロを「同時多発テロ」と呼ぶようになったが、アメリカでは単に「９／

（左）9.11 で炎上するツインタワー（出典：mail online）（右）ツインタワーの跡地に建てられた「9.11 博物館」内の記念碑（筆者撮影）

11」（ナインイレブン）と言っている。なぜ、同時多発テロなどという馬鹿げた言い方（翻訳？）をするのだろうか？　これでは、９／11の前と後で世界が違ってしまったことが実感できない。

９／11の後しばらくしてニューヨークに行くと、街中に星条旗《せいじょうき》があふれていた。マンハッタンのほとんどのビルに星条旗が掲揚《けいよう》され、道行く車も星条旗をはためかせて走っていた。

それは、日本人の私には異様な光景だった。それまでの私は、これほどたくさんの国旗が街を埋め尽くすのを見たことがなかったからだ。

私が育った家では、祝日でさえ日の丸を掲げなかったし、日本の教育現場では日の丸の掲揚をめぐって長年にわたり教師たちがもめていた。とくに、日本の左翼教師は日の丸を毛嫌いしていた。このようななかで成人したせいか、星条旗に埋め尽くされたマンハッタンの街は異常に見えた。

しかし、じつはこれこそがアメリカなのである。

日本がアメリカの属国ならば、日本人は〝宗主国〟(colonial master) アメリカについてもっと知る必要がある。とくに、反米左翼の人々がアメリカに対して無知なのには、本当にびっくりする。もちろん、右派の人々もアメリカを知らない。

そこで、この章では、アメリカとはなにか? をアメリカの歴史から考えてみたい。そうすることで、属国で暮らす私たちの歩むべき未来が見えてくるはずだからだ。

「愛国心」「チェンジ」そして「明日を生きる」

日本人は、国旗が象徴する「国家」というものに対して、それほど意識して暮らしていない。ごく自然に日本は日本であり、この国にいま生きていると思っている。だから、この国の歴史に対しても、それほど意識して考えたことはない。

ところが、アメリカ人 (=アメリカ国民) というのは、国旗も国家も歴史も、すべて徹底して意識し、常に「アメリカとはなにか?」と問いかけて生きている人々なのである。それは、彼ら自身、あるいは彼らの祖先が、もともとはすべて移民、どこか外から来た人々だからだ。

たとえばニューヨークのブルックリンで生まれ育った黒人の子供が、歴史と言われて、建国の父ジョージ・ワシントンを思い浮かべるだろうか? まして、「私たちの祖先だ」などと思うだろうか? ジョージ・ワシントンが奴隷《どれい》所有者だったことはよく知られている。また、マイアミで育ったラティーノ (中南米出身者) の子供も、ロサンゼルスで育ったチャイニーズ・アメリカンの子供も、同じようにジョージ・ワシントンを自分たちの祖先だと思うわけがない。

アメリカ人というのは、親たちのルーツがみな異なり、家族の歴史がそれぞれまったく違う人々の集まりなのだ。つまり、国の歴史と言っても、それは自分たちの歴史ではないことのほうが多いのである。

アメリカは、独立時はＷＡＳＰ（ワスプ）が中心の白人国家だった。それがいつのまにか、ケニア人の父を持つ人間が大統領になるような国にまでなってしまった。

その反動なのか、オバマ前大統領の次は、なんと白人至上主義を唱え、貧困白人の味方として振舞ったトランプ大統領が誕生してしまった。ただ、トランプ大統領にしても、ルーツはＷＡＳＰではない。父方がドイツ系で母方がスコットランド系であり、彼の最初の妻イヴァナはチェコスロバキア出身のモデル、三番目の妻メラニア（ファーストレディ）は、スロベニア出身のモデルだ。そんな国の人々に、私たち日本人と同じような歴史認識があるわけがない。

本書では、繰り返し歴史認識を問題にしてきたが、日米の大きな違いは、歴史教科書を読んで思い浮かべることが決定的に違うことにある。

日本人は、歴史の教科書を祖先の物語として読む。ところが、アメリカ人は歴史の教科書を祖先の物語としては読まない。それは、単にアメリカという国家の歴史にすぎないからだ。アメリカの歴史教科書には、それを読む生徒の祖先の物語は書かれていない。

その意味で、アメリカという国は、国家、国旗を常に大事にする、つまり人工的な「愛国心」（ナショナリズム）によって、異なる人々を統合していかないと成り立たない国なのである。

アメリカには、最初の移住者がやってきてから、たかだか４００年ほどの歴史しかない。国ができてからは200年ちょっとである。ところが、日本人には、ほぼ同じ祖先にさかのぼれる千年以上の歴史がある。それゆえ、私たちはあえて国家を意識せず、愛国心も意識しては表明しない。多くの日本人は日本人の両親から生まれ、その祖父母も当然日本人だから、自分が日本人かどうかなんて考えたことがない。

しかし、アメリカ人は「はたして自分はアメリカ人なのか？」（裏返して言うと「自分は誰なのか？」）と、常に考えている。

アメリカ人は一般に「未来志向」である。これは人々の過去がみな違うので、結局、「過去はどうでもいい。明日を生きよう」という発想になるからだろう。

だから、彼らは常に「チェンジ」を求める。「チェンジ」はオバマ前大統領の専売特許ではなく、アメリカ人すべてが求めていることなのだ。トランプ大統領にしても、結局は、「チェンジ」（＝再びアメリカを偉大な国にする）と言って当選した。つまり、アメリカでは常に「明日は別の日」（Tomorrow is another day.）とならなければいけないのだ。

一つの国家である共和国に忠誠を誓う

アメリカではなにか起こったとき、常に愛国心に訴えなければ、国が分断されてしまう。だから、政治家は常に「一つのアメリカ」を叫ぶ。その象徴が星条旗であり、それに忠誠を誓うことがアメリカ人の証《あか》しとなる。

アメリカの小学校に子供を行かせた方なら知っているはずだが、子供たちは毎朝、全員起立し、片

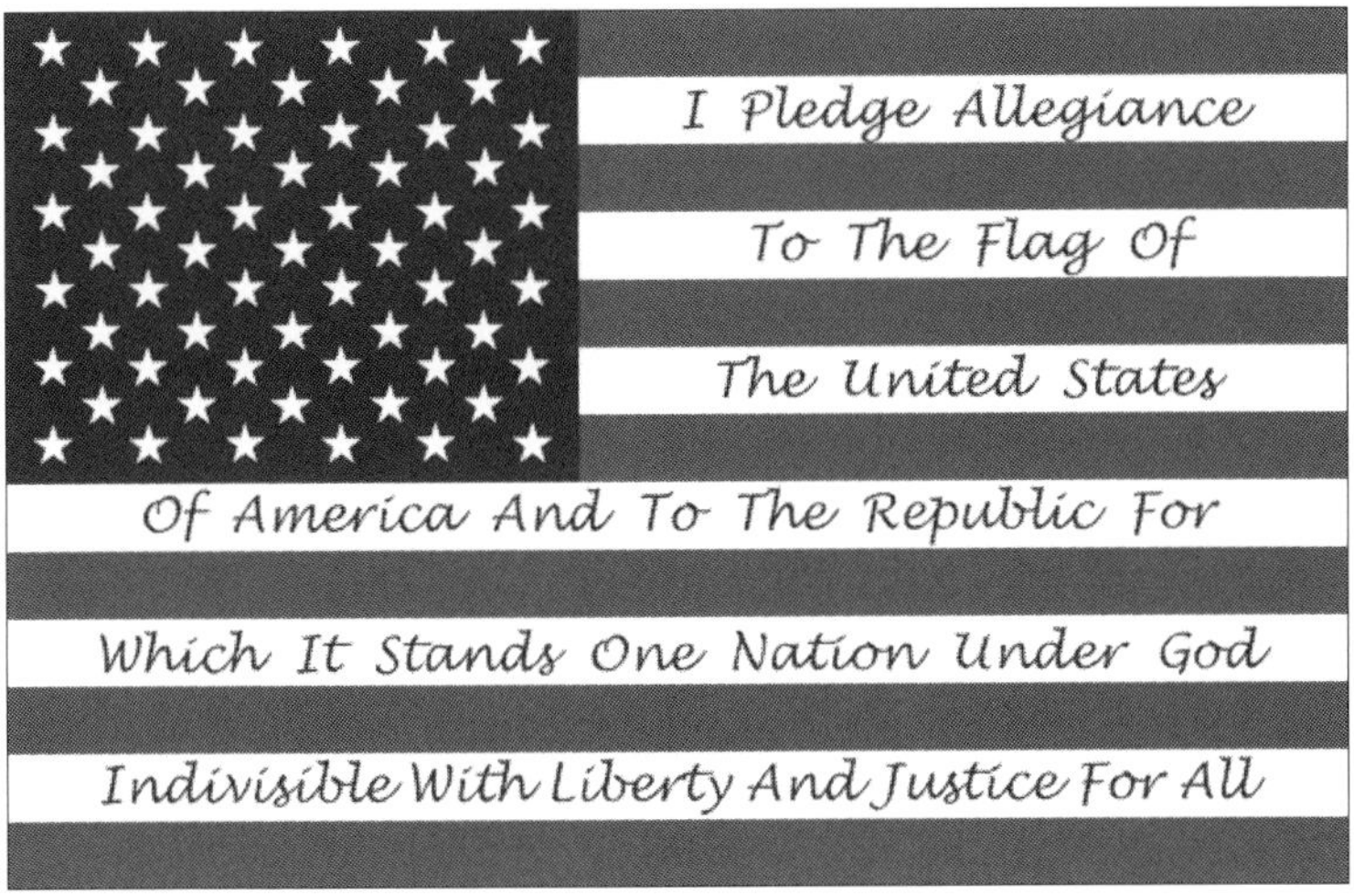

アメリカの子供たちが毎朝唱和する「忠誠の誓約」 出典：http://www.newsmax.com/

手を胸に当て、「忠誠の誓約」(The Pledge of Allegiance) を唱える。アメリカの小学校には、教室の黒板の横に必ず星条旗が飾られている。その星条旗に向かって、子供たちは次のように唱える。

"I pledge allegiance to the Flag of the United States of America, and to the Republic for which it stands one Nation under God, indivisible, With Liberty and Justice for all."

(私は、わがアメリカ合衆国の国旗、すべての人々に自由と正義が存する、分かつことのできない、神の下での一つの国家である共和国に忠誠を誓う。)

これは公立ならハイスクールまで続く。この誓いの文言を暗誦《あんしょう》できない子供はいない。だから、アメリカ人かどうか知りたければ、この「忠誠の誓約」を暗誦できるかどうかを試してみればいい。

この誓約の文言は1892年、コロンブスの新大陸発見400年記念の一環として、聖職者であり雑誌の編集者でもあったフランシス・ベラミー によって作成された。その後、全国に広まり、1942年に正式に議会で公認された。

この国旗に対して忠誠を誓う儀式は、ずばり言えば「アメリカ人をつくるプログラム」の一つである。アメリカ人というのは、こうして愛国心を植えつけられ、人工的につくられていく。

日本には日本人をつくるプログラムがない。

しかし、戦前は違った。私の父は戦争に行った世代だから、教育勅語《ちょくご》、歴代天皇名を暗誦できた。戦前は、軍国主義と言われようと、それに適した日本人をつくるプログラムがそれなりに存在していた。

忠誠を誓うのは「国家」ではなく「理念」

日本がアメリカの属国となり、日本人をつくるための教育が存在しなくなったために、なにが起こっただろうか?

たとえば、それまで祝日には必ず国旗を掲げていた家でも、国旗を掲げられなくなった。日章旗の掲揚は、1945年以降のアメリカ占領下では禁止された。解禁されたのはSF平和条約締結後である。

いままであった誓うものがなくなってしまえば、人々の心はバラバラになっていく。ところがこの空白を、なんと左派人間たちは「護憲」で埋めたのである。彼らは、日章旗の代わりに日本国憲法に忠誠を誓うようになった。日の丸を拒否し、憲法を聖典（不磨《ふま》の大典《たいてん》）としてしまったのである。

これはあまりに滑稽で情けなく、論評する気も起こらない。

ところで、アメリカの子供たちが国旗に向かって誓うのは、「国を守る」「国に従う」というようなことではない。誓うのは、文言にあるように「自由と正義」（Liberty and Justice）を守るということだ。

この世界の多くの国家は、ある一定の地域で生まれ育った人々（国民）が集まってできている。生まれ故郷のことを、ラテン語では「ナティオ」（natio）と言う。このナティオを同じくする人々が集まってつくったのが「国民国家」（nation state）である。国民国家の成立はフランス革命のときとされ、このとき初めてフランス語で「ナシオン」、英語で「ネイション」という言葉ができ、ネイションを同じくする人々の心を「国民意識」（nationalism：ナショナリズム）と呼ぶことになった。

これを「愛国心」と呼び換えてもかまわないが、アメリカにはこのようなものがあるだろうか？

アメリカには、もともとそこで生まれ育った人間などいなかった。したがって、アメリカは「国家」（ネイション）ですらなく、また、「故郷」（カントリー）ですらないのだ。

では、そんな人工国家に必要なものとはなにか？

それは誰もが納得がいく、「理念」（ideal）だろう。子供たちは、「自由と正義」という、独立宣言以来のアメリカを貫く「理念」に忠誠を誓い、そしてそれを実行することでアメリカ人になるのだ。これがアメリカのナショナリズムであり、それは世界のどこの国とも違うナショナリズムと言えるだろう。

アメリカの原点は「丘の上の町」の建設

アメリカをアメリカたらしめている「理念」をさかのぼっていくと、「丘の上の町」(City upon a Hill)と「独立宣言」(Declaration of Independence)に原点があることがわかる。この二つが、アメリカのナショナリズムの根源であり、アメリカ人というのは、この世界を自分たちが描く理想の世界につくりかえるために生きている人々と言っていい。

では、「丘の上の町」とはなんだろうか? これは、『マタイによる福音書』の第5章に出てくる一節で、このように述べられている。

《あなたがたは世の光である。丘の上にある町は、隠れることができない。》

つまり、丘の上の町とは人間の「理想社会」を指す。

最初の英国の植民地は、1607年にバージニア州にできたジェームズタウンだが、二番目の植民地プリマスは、英国で英国国教会(Anglican Church)に反対して迫害されてきたピューリタン(puritan:清教徒)たちがつくった。彼らはニューイングランドに、「丘の上の町」を築こうとしたのである。そこは、キリスト教徒にとって「新しいカナン」であり、古きヨーロッパから聖別された「新世界」(New World:ニューワールド)だった。

このことをはっきりと宣言したのが、1630年のジョン・ウィンスロップによる「キリスト者の慈善の模範」("A Model of Christian Charity")だ。

そこで、ウィンスロップは次のように宣言している。

“We shall be as a City upon a Hill, the eyes of all people are upon us.”
（われわれは、すべての人々の目が注がれる丘の上の町とならなければならない。）

以来、今日に至るまで、アメリカ人は自分たちの国について、この国は人類の偉大な実験場であり、ほかの国々が従うに足る普遍的な規範によって成り立っていると考えてきた。これは、この国にやってきた人々すべてに、たとえ祖国や人種、民族が違おうと、いまも一貫して生き続けている思想だ。「丘の上の町」という言葉は、その後、宗教的概念から解き放たれ、より普遍的な「アメリカ建国の精神」に引き継がれた。そうして、独立宣言の有名なフレーズ（後述）となった。さらにいまでは、「丘の上の町」は「自由と平等に基づく民主政治が行われる理想国家」を表すようになっている。

ケネディもレーガンも演説で引用

歴代大統領の演説のなかにも、「丘の上の町」はしばしば登場する。次に、その代表的な二つの演説を挙げてみたい。

最初は、１９６１年１月９日のジョン・Ｆ・ケネディ大統領の大統領就任前の演説である。ケネディ大統領は次のように述べている。

ケネディ大統領「丘の上の町」演説（John F. Kennedy；Address to a Joint Convention of the General Court of The Commonwealth of Massachusetts , 9 January 1961）

《Today the eyes of all people are truly upon us–and our governments, in every branch, at every level, national, state and local, must be as a city upon a hill –constructed and inhabited by men aware of their great trust and their great responsibilities. For we are setting out upon a voyage in 1961 no less hazardous than that undertaken by the Arbella in 1630.》

（今日、すべての人々の目は、まさに私たちに注がれています。政府のすべての機関は、連邦、州、各自治体のすべてのレベルにおいて「丘の上の町」とならなければなりません。その町を構成し、そこに住む者は、大いなる信頼と大いなる責任を備えていなければなりません。なぜなら、私たちが船出しようとする１９６１年の航海は、１６３０年のアルベラ号（ジョン・ウィンスロップが乗っていた船）の航海に劣らない厳しいものになるからです。）

(http://www.americanrhetoric.com/speeches/jfkcommonwealthmass.htm)

次は、１９８９年１月11日、ロナルド・レーガン大統領の大統領としての最後の演説である。

《I've spoken of the shining city all my political life, but I don't know if I ever quite communicated what I saw when I said it. But in my mind it was a tall proud city built on rocks stronger than oceans, wind-swept, God-blessed, and teeming with people of all kinds living in harmony and peace, a city with free ports that hummed with commerce and creativity, and if there had to be city walls, the walls had doors and the doors were open to anyone with the will and the heart to get here.》

（私はこれまでの政治人生のすべてを通して、輝ける町（＝丘の上の町）について語ってきましたが、私が見たものがなんであったのかをしっかりと伝えることができたかどうかわかりません。私の心のなかにある町は、大海の荒々しい波にも吹きすさぶ風にも揺るがない、固い岩の上に建てられた、高くそびえ立つ町です。神に祝福され、すべての人々が仲良く平和に暮らしていて、商業や創造的な活動で賑わう自由な港があります。もし、町が壁で囲まれているとしたら、その壁には門があり、その門はなかに入る意思と心を持った人々すべてに開かれています。）

(https://www.youtube.com/watch?v=c32G868tor0)

この二つの演説でわかるように、「丘の上の町」はアメリカそのものであり、アメリカ人はいまもなおこの町を建設中なのである。そして、この町はアメリカだけにとどまらず、世界中で建設されなければならないと、アメリカ人は考えているのだ。

「独立宣言」はなにを宣言したのか？

「丘の上の町」の理想を結実させたのが「独立宣言」と、それを基に1787年9月に起草され、1788年に発効した「アメリカ合衆国憲法」である。

まずは独立宣言だが、その最大のポイントは、人間誰もが「生まれながらに有する侵すことのできない権利」、すなわち「基本的人権」を持っているということにある。そして、国家とはこれらの権利の上に成り立つ、つまり「国民主権」でなければならないと宣言していることだ。

では、基本的人権とはなんだろうか？　独立宣言の有名なフレーズは次のようになっている。

《We hold these truths to be self-evident, that all men are created equal, that they are endowed by their Creator with certain unalienable Rights, that among these are Life, Liberty, and the pursuit of Happiness.》

（われわれは、以下の事実を自明のことと信じる。すなわち、すべての人間は生まれながらにして平等であり、創造主によって、生命、自由、および幸福の追求を含む不可侵の権利を与えられているということを。）

つまり、基本的人権とは、「生命」（Life）、「自由」（Liberty）、「幸福追求」（pursuit of Happiness）の三つの権利を指している。これをいま、日本国憲法の下で暮らす日本人が思えば当たり前のこととしか思えないが、当時としては画期的なものだった。この人権思想は、ジョン・ロックの「自然権」と「社会契約説」の思想に基づくとはいえ、血を流した独立戦争を経て勝ち取ったものだからだ。

つまり、「私たちアメリカ人は、勝手に生命を奪われることなく、自分たちの生き方を自分たちで決める権利がある。さらに、幸福を追求する権利を持っている」と、宗主国の英国に向かって宣言したのである。

この３番目の「幸福追求の権利」は、ロックの思想では「財産権」(property rights)であるから、ここでもそう解釈するのが普通だ。つまり、個人が築いた財産は保障されるべきだということで、実際、アメリカの歴史教科書はそう書いている。

以上をまとめると、アメリカという「新世界」は旧世界とは違う世界であり、そこに住む人々は平等な権利を持っているとなる。したがって、それを保障するための憲法が必要となり、「国民主権」(Sovereignty of the people)をうたった合衆国憲法が誕生した。

「憲法」と「マニフェスト・デスティニー」

アメリカ合衆国憲法は、基本的に政府を三つの府、立法府（議会）、行政府（大統領）、司法府（連邦裁判所）に分けること（＝三権分立）、そして個人の自由を保障する修正10カ条（「権利章典」）を付加することで成り立っている。

これは、その骨格においては、日本国憲法とほぼ同じである。ただし、日本国憲法はかたちこそ同じでも、国民主権の主体をなす国家主権が大きく制限されている。すなわち、戦争を放棄させられている。これは極端な話、独立戦争もできないということだから、独立戦争で権利を勝ち取ってできたアメリカ合衆国憲法とは、じつは180度違うと考えたほうがいい。

日本国憲法には、第11条に「国民は、すべての基本的人権の享有を妨げられない。この憲法が国民に保障する基本的人権は、侵すことのできない永久の権利として、現在及び将来の国民に与へられる。」と書かれている。

これは、アメリカ独立宣言が「すべての人間は生まれながらにして平等」として確立した「基本的人権」のことである。日本人はこの理念を、敗戦によってプレゼントされたのである。そのせいか、日本の左翼は、基本的人権の平等主義を極限まで推し進め、貧富の差まで是正しようとする。つまり、〝機会の平等〟ではなく〝結果の平等〟まで国家に要求する。

しかし、人が平等なのは政治的な平等だけである。国家がある特定の人々から財産を奪い、ある特定の人々に分け与えることは財産権の侵害である。前記したように、アメリカでは財産権は憲法で保障されている。アメリカではこんなことは自明なのに、なぜか日本の左翼はそう思っていない。財産権を否定する共産思想にいまだに凝《こ》り固まっている。

いずれにせよ、丘の上の町の建設が目的で始まった植民地が、基本的人権を持つ人々により独立した国家になったことで、その後のアメリカの運命は決まった。

この理想と理念を地の果てまで行き渡らせる。それがアメリカの国家として使命になった。そして、この地にやってきた人々は、この使命をまっとうするために生きることになったのだ。

この考え方を「明白な運命」（manifest destiny：マニフェスト・デスティニー）と言う。この言葉を使い出したのは、１８４０年代のジェファーソン民主主義者たちであり、これによって、原住民のネイティブ・アメリカンはほぼ駆逐《くちく》され、西部の開拓は進み、メキシコはカリフォルニアとテキサスをアメリカに奪われた。

この言葉は、１８９０年代にも共和党によって使われた。そうして今度は、北アメリカの外にもアメリカが拡張していくことが正当化された。その結果、ハワイ王国は倒され、フィリピンはアメリカの植民地となった。

このような「明白な運命」に基づいて行動する国家は、世界にアメリカ以外に存在しない。したがって、アメリカだけは世界に数ある国家のなかで「例外」であるという考え方がある。

これを「アメリカ例外主義」(American exceptionalism) と言い、１８３１年にアレクシス・ド・トクヴィルが初めてアメリカを対象に「例外」という言葉を使ってから、アメリカ人自身がそう思い込むようになった。

「善と悪」の判断で戦争をし続ける国アメリカ

アメリカ例外主義は、平たく言えば「アメリカはほかの国と違う特別な国だから、アメリカがやることはすべて正しい」ということだ。

この考え方でいくと、アメリカは国際法にも縛られることはなくなる。ある国際法がアメリカに利益をもたらすならそれを尊重するが、利益相反するなら、それを守る必要はないとなる。なぜなら、アメリカは「特別な国」＝「例外の国」だからだ。

ただし、アメリカが特別な国であるためには、それなりの責任を果たさなければならない。これは、「世界の民主政治と基本的人権を守る」「世界の人々の自由と平等を守る」ということである。

こうしてアメリカは、世界の国のなかでも、もっとも多く戦争をする国となった。とくに、英国から覇権を継承した後の20世紀においては、アメリカが絡まなかった戦争・国際紛争はないと言っていい。

戦争に踏み切るアメリカ人というのは、えてして単純思考である。最終的に、物事を「善と悪」(good and evil) で判断する傾向が強い。そして、常に自分たちが「善」であると信じ込んでいる。丘の上の町で暮らしているのだから、自分たちが「悪」であるはずがないからだろう。

したがって、彼らは、この世の「悪」に対しては常に戦いを挑むということになる。それが、「マニフェスト・デステニィー」でもあるからだ。彼らが「悪」とするのは、民主政治と基本的人権を守らない国家、さらに人々の自由と平等を侵す国家である。

21世紀になっても、この考え方は変わっていない。テロとの戦争に踏み切ったブッシュ大統領は、まさしくこの考え方の持ち主で、北朝鮮、イラン、イラクを「悪の枢軸」(axis of evil) と呼び、イラクの砂漠地帯にアメリカの若者を送り込んでイスラム教徒の軍隊と戦わせた。そうして〝悪の親玉〟サダム・フセインを逮捕・死刑にした。しかし、この地域の「悪」がはたして一掃されたかどうかは疑問だ。「善と悪」によるアプローチ、言い換えれば「丘の上の町」という理想と理念の追求のための戦争は、時として逆の効果を招くからだ。

このアプローチはあまりに道徳的すぎるため、相手が不正で「悪」だと思い込むと、アメリカは相手を徹底して叩くことになる。第一次大戦では、アメリカは英仏とともにドイツを徹底的に叩いた。そのため、戦争後に英仏がともに疲弊してしまったため、ヨーロッパでソ連に対抗できる国がなくなってしまった。これが、結果的にナチスの台頭につながり、第二次世界大戦を招いたのは言うまでもない。

その第二次世界大戦でも、アメリカは日本を徹底的に叩いた。そのため、アジアにおいて中国共産党とソ連に対抗できる国をなくしてしまい、その後アメリカはただ一国で冷戦を戦わなければならなくなった。

アメリカの歴史において不思議なのは、これほどの理想と理念を持つ国が、なぜか共産勢力には徹底して甘かったということだ。第4章で述べたように、第二次大戦の勝者はアメリカではなく、ソ連（現・ロシア）と中国である。

アメリカ人が国家でさえも「善」と「悪」で考える根底には、「自分たちほど理想的で高潔な国家はない。したがって、ほかの国がアメリカを見習うようになれば、世界中の国家が『善』になり、戦争も国際紛争もなくなる」という意識があるからだろう。

もし日本が、アメリカの属国として生き続けるのなら、彼らが世界覇権を維持している限り、ここまで述べてきた「アメリカ的思考」をすべて受け入れるしかない。そうして、彼らが戦争するなら、同盟国としてその戦争に全面的に協力するほかない。なぜなら、アメリカの戦争は、必ず「正義の戦い」となり、「民主政治と人権を守る」ための戦いとなるからだ。もちろん、過去にそうではない戦いも山ほどあっただろうが、こういうことにしておくほかない。なぜなら、アメリカは例外なのだから、間違うことはないからである。

となると、このような戦いに参戦しないことは、属国としてはありえないとなる。かつて湾岸戦争でカネだけ出して兵を出さなかった際に、私たちがどんな非難を受けたかを教訓にすべきだ。

アメリカの歴史は9割以上が戦争の歴史

歴史を紐解《ひもと》けば、アメリカという国は、建国された1776年から今日に至る241年のうち、じつに223年も戦争・紛争を行ってきた。第二次世界大戦終結から今日までの72年間を振り返ってみても、アメリカが戦争に関与していなかったのは1976年、1977年、1978年、1997年、2000年の5年だけである。

つまり、アメリカの歴史というのは、その9割以上が「戦争の歴史」である。したがって、アメリカには日本のように「戦争を知らない世代」という世代は存在しない。

このようなことから、護憲派の人々が得意がって言うのが、「アメリカほど戦争が好きな国はない」ということだ。護憲派は「平和主義」と「戦争反対」を看板にしているので、アメリカを徹底的に批判し、「日本はアメリカの戦争に巻き込まれてはならない」と言い続けている。

しかし、彼らは肝心なことを忘れている。それは、アメリカという国が戦争をし続けてきたからこそ、世界の平和が構築されてきたということだ。第一次大戦、第二次大戦とも、もしアメリカが参戦しなかったら世界はどうなっていただろうか？

そこで次に、アメリカがこれまで戦ってきた主要な戦争を、年表にして示してみたい（独立戦争から始める）。次頁の【図表６】がそれだ。

どうだろうか？　これらの戦争がその後の秩序をつくり、今日の国際社会をつくったのである。このことは否定できるものではない。ところが、このようなアメリカの戦争の歴史を見て、左翼及び護憲派、そしてリベラルと称する人々は、アメリカを「野蛮《やばん》な国家」と言う。しかし、帝政ロシアからソ連をへていまのロシア連邦に至るロシアにしても、また清朝から今日の中華人民共和国に至る中国にしても、近代史においてはアメリカと同じように数多くの戦争をしてきている。そして、わが国にしても、幕末から大東亜・太平洋戦争で敗北するまで、戦争・紛争をしていなかった年のほうが少ない。ところが、左翼はこういったことには目をつぶるのだ。

さらに、アメリカがこれだけ数多くの戦争ができるという現実は、結局はそれだけの経済力と軍事力があるということである。つまり、左翼が大好きな理想や理念は「力」（パワー）の裏付けがないと実現はしない。

ところが、日本の左翼及び護憲派の人々、とくにリベラルを自認する識者や理想主義者は、国際政治におけるパワーについて語るのを徹底して嫌う。そして、実現不可能なことばかりを並べ立てて政府の姿勢を責めるのである。

世界史でも日本史でも、最終的にそれを動かしてきたのはパワーである。西洋が確立したデモクラシーと資本主義による社会体制は、それをもたらす政治思想があったとしても、確実に言えるのは、英国やアメリカがパワーによって世界覇権を握ったからである。それがなければ、とうの昔にデモクラシーはなくなっていたかもしれない。

【図表６】アメリカ戦争年表（主な戦争）

1775	レキシントン・コンコードで独立戦争始まる。
1777	サラトガの戦い。
1781	ヨークタウンの戦い。アメリカ大陸軍が勝利。
1794	北部オハイオ、フォールン・テインバーズの戦闘で、北西部先住民諸族敗北。
1812	対英宣戦布告、1812 年戦争始まる。
1814	ジャクソン、南部先住民との戦いでクリーク族を破る。イギリス軍、首都に侵攻、ワシントン炎上。
1815	ニューオーリンズの戦いでイギリス軍に大勝。
1832	北部先住民部族とのブラック・ホーク戦争。
1836	テキサス共和国独立宣言。アラモの戦い。
1838	先住民チェロキー族の強制移住開始（涙の道）。
1845	テキサスを併合。
1846	メキシコに宣戦、米墨戦争始まる。
1847	アメリカ軍、メキシコシテイを占領。
1861	南北戦争始まる。
1865	南北戦争、北軍の勝利で終結。
1886	アパッチ族長ジェロニモ逮捕。対先住民戦争事実上終結。
1898	米西戦争始まる。米議会、ハワイ併合を決定。
1899	アメリカ・フィリピン戦争。（～ 1902）
1903	セオドア・ルーズベルト、コロンビアに対するパナマ住民の独立運動支援を名目に軍艦派遣を指示。
1912	ニカラグアに海兵隊を派遣。
1914	メキシコに海兵隊派遣し、ヴェラクルスを占領。
1915	ハイチに海兵隊派遣。
1916	メキシコに進軍。 ドミニカに海兵隊派遣。
1917	対独宣戦布告し、第一次大戦に参戦。
1918	シベリア出兵。
1926	ニカラグアに海兵隊派遣。

1941	日本軍による真珠湾攻撃により、第二次世界大戦に全面参戦。
1945	ニューメキシコ州で初の原爆実験成功。広島・長崎に原爆投下。
1949	北大西洋条約調印。NATO 発足
1950	朝鮮戦争勃発。日米安全保障条約調印。
1951	アンザス条約調印。
1952	最初の水爆実験成功。
1955	南ベトナムに軍事顧問団派遣。
1958	レバノンに海兵隊派遣。
1960	U2 型偵察機、ソ連領空で撃墜される。
1961	キューバと断交。ピッグズ湾上陸作戦失敗。
1962	キューバ危機。
1964	米議会、トンキン湾決議。
1965	北ベトナムへの北爆本格化。地上軍を投入。ドミニカに海兵隊派遣。
1970	アメリカ軍、カンボジア侵攻。
1971	ベトナム戦争、ラオスにも拡大。
1983	グレナダに侵攻。
1986	リビアのトリポリなどを爆撃。
1989	パナマに侵攻。
1990	イラクがクウェート占領。サウジアラビアに派兵。
1991	湾岸戦争。
1992	ソマリア派兵。
1994	NATO、旧ユーゴ内戦に介入、空爆を敢行。
1996	イラクに対し空爆。
1999	NATO 軍、コソボ空爆。
2001	9.11 への報復としてアフガニスタンを空爆後、地上軍派遣。対タリバン戦争。
2003	有志連合を組織しイラクへ侵攻。
2011	イラクから完全撤退。
2012	アフガニスタン、イラク、ソマリア、シリアとイエメンで対テロ戦争。
2013	対 ISIL（イスラム国）戦争。
2014	ウクライナ内戦勃発。ロシア、クリミア併合。

「保守」も「リベラル」も戦争はする

ところで、日本の良心的と言われる識者や左派の人々は「戦争は絶対いけない」と言い続け、自分たちを「リベラル」（liberals）と称している。そしてリベラリズム（liberalism）を「保守主義」（conservatism）に対抗する価値あるイデオロギーだと思っている。

しかし、アメリカでは、リベラルだろうと保守だろうと戦争をする。一般的にリベラルは民主党（Democrats）で、保守は共和党（Republican）とされるが、どちらの大統領もこれまで徹底して戦争をしてきた。

アメリカ史上もっとも好戦的だったのは、日本を戦争に追い込んだ民主党のフランクリン・ルーズベルトだったのは間違いないだろう。

ルーズベルトは、真珠湾攻撃の５カ月前、日本爆撃計画を承認している。アメリカは早くから蔣介石政権に、空軍傭兵《ようへい》（表向きはボランティアとして）を送り込み、日本軍と戦わせる訓練をしていた。

そして、すでに１９４１年（昭和16年）夏には爆撃機により日本各地に焼夷弾《しょういだん》を投下する計画が立てられ、ルーズベルトも承認した。しかし、飛行機の引き渡しが遅れたため、真珠湾攻撃が先になっただけの話である。

この史実は、１９９１年（平成３年）12月26日にＡＢＣテレビ（司会バーバラ・ウォルターズ）が特番として放映したが、当時、日米ともにほとんど話題にならなかった。最終的に日本爆撃計画の全貌が明るみに出て、アメリカ政府が認めたのは１９９７年（平成９年）である。

いずれにしても、アメリカ人は、自国の安全保障が脅かされる（＝自由と人権が侵される）となったら戦争をためらわないのである。

つまり、アメリカにおいては、保守もリベラルも根底は一緒なのだ。ここまで述べてきたように、彼らにとってアメリカこそが世界一の素晴らしい国であり、模範的な国家なのだから、これは当然だ。この世界に「悪」がある限り、彼らは戦い続けるのである。

結局、保守とリベラルの違いというのは、保守が「アメリカは素晴らしい国だ。だからこの体制を守っていこう」と言っているのに対し、リベラルは「アメリカは素晴らしい国だが、まだ理想的な国家ではない。だから、もっと素晴らしくする」と言っているにすぎない。

とはいえ、政治的にはかなりの違いがある。保守を共和党、リベラルを民主党とすれば、保守は政府が市場や個人に干渉することを嫌い、自由競争に任せるという「小さな政府」（small government）の立場を取るのに対し、リベラルは格差是正や差別撤廃、貧困解消などのためには政府がさまざま規制を行わなければならないという「大きな政府」（big government）の立場を取っている。

したがって、日本の左派と右派、護憲派と改憲派とは趣《おもむき》を異にする。日本の政治と経済は官僚システムによって統制されているので、アメリカの保守のような個人主義や経済自由主義は、左からも右からも敬遠される。

日本はシステムとしては、自由主義ではなく社会主義システムに近い。そのため、日本の左翼というのは、いまやロシアや中国も捨て去ってしまった共産主義による洗脳から抜け出せていない。

「なぜ戦ったのか?」に対する答え

アメリカでは、毎年5月の最終月曜日は、兵役中に亡くなった兵士を追悼する「戦没将兵追悼記念日」(Memorial Day) だ。この日は、これまでのすべての戦争で亡くなった兵士たちに、国民が哀悼を捧げる。ところが、日本にはこういう日がない。国民全体で、国のために戦った兵士たちを哀悼することはない。

現在、アメリカには約２２００万人の退役した軍人 (veteran) がいるという。アメリカには、彼らのための祝日、「復員軍人の日」(Veterans Day) もあり、その日は11月11日と決まっている。この日と前記した「戦没将兵追悼記念日」には、合衆国大統領がワシントンのアーリントン国立墓地を訪れ、全戦没将兵を代表する「無名戦士の墓」にリースを供《そな》えるのが慣わしとなっている。

復員軍人の日には、毎年、ニューヨークで盛大なパレードが行われる。午前10時にマディソンスクエアパークで、市長と市職員が参列する花輪の供花式が行われ、11時から5番街の26丁目から56丁目に向かってパレードが行われる。この時、５番街は星条旗で埋め尽くされる。

さて、戦争には戦争目的がある。それはアメリカにとって、ここまで述べてきたように、自由と民主政治を守り、世界を理想的な世界につくり変えることである。だから、退役軍人たちに「なんのために戦ったのか?」と聞くと、「自由のため、祖国のため、国民のため」(for freedom, for the country, for the people) という答えが返ってくる。まず、最初に「自由」が来るのだ。

しかし、それならなぜ、第二次世界大戦で、もっとも自由のない国民を持つソ連と同盟し、アメリカはドイツと日本を叩いたのか？　ドイツと日本は枢軸国だからなのだろうか？

アメリカ人のなかには、アメリカがナチスドイツと戦ったのは、ナチスからユダヤ人を救済するためだったと思い込んでいる人間がいる。あの大戦は「ファシズム対デモクラシーの戦い」と思い込んでいる人間がいる。日本人のなかにもまた、そう思い込んでいる人間がいる。このような見方はあまりに単純で、論評しようがない。ただ、こう言うしかない。

「それなら、なぜ、連合国側にソ連と中国共産党政権までいたのか？」

英国は、ドイツによるポーランド侵略は許さないと参戦しておきながら、1945年2月のヤルタ会談では、チャーチルはスターリンにポーランドを献上してしまった。ルーズベルトも千島や樺太をスターリンに献上してしまった。

すでに紹介したフーバー大統領回顧録の解説書『日米戦争を起こしたのは誰か　ルーズベルトの罪状・フーバー大統領回顧録を論ず』のなかに、次の一節がある。

《……ルーズベルトが犯した壮大な誤りは、一九四一年七月、つまり、スターリンとの隠然たる同盟関係となったその一カ月後に、日本に対して全面的な経済制裁を行ったことである。その経済制裁は、弾こそ撃っていなかったが本質的には戦争であった。ルーズベルトは、自分の腹心の部下からも再三にわたって、そんな挑発をすれば遅かれ早かれ（日本が）報復のための戦争を引き起こすことになると警告を受けていた。》

しかし、このような矛盾に、いまもアメリカ人自身が気づいていないか、あるいは気づいていても目をつぶってしまっている。あくまで、アメリカは例外、正しいことしかしない国だからだ。

「冷戦」勝利で「歴史」は終わるはずだった

第二次大戦後、アメリカが戦った最大の戦争は言うまでもなく「冷戦」である。この冷戦にアメリカは勝利したにもかかわらず、世界は「丘の上の町」には一歩も近づかなかった。世界中に自由と民主政治を行き渡らすというアメリカの理念と理想は、今日まで実現していない。実現しないばかりか、対テロ戦争まで抱え込んでしまった結果、状況は悪化していると見たほうがいいかもしれない。

世界が多極化、複雑化するよりも、第7章で述べた「覇権安定論」の世界のほうが、日本にとっては都合がいいし、また政治・経済的にも安定する。

１９８９年、アメリカの歴史学者フランシス・フクヤマ氏（現・スタンフォード大学フリーマン・スポグリ国際研究所の上級研究員）は、有名な『歴史の終わり』（The End of History）という論文を書いた。その主旨は、歴史は最終的に自由、つまり選挙で選ばれた政府、個人の権利、国家が比較的緩やかな監視を行うなかで資本と労働が循環する資本経済システムに到達して終焉するというものだった。端的に言うと、アメリカ型の民主政治のシステムが最終的に勝利を収め、歴史は終わるということ。この論文は、冷戦終結というタイミングもあって、本になって世界中で読まれた。

しかし、グローバル化がさらに進んだ現時点においても、歴史の終わりは実現していない。ロシアや中国はパワーポリテックスと地政学にこだわり、「ロジック・オブ・イベンツ」による拡張主義を続けている。ロシアは冷戦で敗れたのだから、民主化を進め欧州の一員になると思われたが、プーチン大統領が出現すると、ナショナリズムの力によって、かつてのファシズムにも似た政治を続けるようになった。

冷戦時には地政学的な闘争とともに、イデオロギー対立があった。しかし、いまや明確なイデオロギー対立は存在しなくなった。そんななか、中国が大国化したが、この国には古代から受け継がれてきた偉大な思想や哲学があるにもかかわらず、誰もそれを守らない。

こうなると、やはりアメリカが世界をリードしていくしかないが、トランプ大統領にその自覚があるだろうか?

大事なことは、人類の最終目標としての社会システムはなにかということだ。どんなシステムが、いちばん多くの人間に幸福をもたらすかということであろう。現在のところ、それは民主政治と資本主義(グローバル資本主義)以外にない。そこが終着点だという事実は揺るぎようがない。

とすれば、アメリカの属国としての日本の未来像も揺るぐはずがない。アメリカの世界支配の構造、そして、その根底にある理念と理想を理解したうえで、私たちは「真の独立国家」を目指さなければならない。そのためには、「永久属国」をまだまだ続けるほかに合理的な選択肢はない。

第9章
アメリカ一極世界は永続するか

ハリス太平洋軍司令官がトランプを牽制

ここまで述べてきたように、日本が平和で安定し、なおかつ繁栄していくためには、地政学で言うところの「覇権安定論」の世界が必要である。つまり、アメリカの世界覇権が強大で安定していることが、必要条件になる。では、トランプ政権はこの条件にかなうだろうか?

第8章で述べたように、アメリカはランドパワーというよりシーパワーである。そのシーパワーの根源はアメリカ海軍(U.S. Navy)であり、そのなかでも最強とされるのが、第3艦隊と第7艦隊で構成される「アメリカ太平洋艦隊」(U.S. Pacific Fleet)である。

2016年(平成28年)11月15日、トランプタワーで、大統領就任前のトランプ氏が政権移行チームのメンバーを呼んで協議を重ねていたとき、ハリー・ハリス海軍大将が、ワシントンDCで講演し、次のように述べた。

「アメリカにとってアジア太平洋はかつてなく重要になっており同盟国への確固たる関与は変わらない」

さらに、ハリス大将は、「政権の移行期に入っているがアメリカでは軍の司令官がレイムダックになったことはかつて一度もない」とも述べた。

これは、明らかにトランプ次期大統領に対する牽制球だった。なぜなら、選挙期間中にトランプ氏は日本や韓国などの同盟国に対して、同盟を見直す発言を繰り返していたからだ。

ハリス大将がこう発言した前日、トランプ氏はホワイトハウスに出向き、オバマ前大統領と初めて会見した。

この会見後、オバマ前大統領は「トランプ氏は核となる戦略的な関係の維持に多大な関心を示していた」と述べたので、メディアはトランプの下でも重要な同盟関係は維持されるという見方を示した。「トランプは現実主義で行くだろう」というのだ。

そして、今日までを見てみると、たしかにトランプ大統領は日米同盟などを軽視するような発言はしなくなった。

母親は日本人で横須賀生まれの凄腕キャリア軍人

アメリカの太平洋・アジア政策は、アメリカ太平洋軍（U.S. Pacific Command/ PACOM）の戦力、配置、展開によって実質的に担保されている。このアメリカ太平洋軍の司令官が、前記したハリス海軍大将である。

じつは、ハリス大将の母親は日本人で、彼はアメリカ海軍でもっとも高い地位に就いた最初の日系人である。

ハリス大将は横須賀生まれで、アナポリス（海軍士官学校）の卒業生。世界各地で勤務した後、ハーバード大学のケネディスクールやジョージタウン大学でマスターを取得、第６艦隊の司令官を経て、２０１３年にアジア太平洋の海軍トップであるアメリカ太平洋艦隊の司令官となった。そして、２０１５年５月に、太平洋軍司令官に就任している。もちろん、在日米軍でのキャリアも豊富だ。

太平洋艦隊司令官というのは、初代はあのハズバンド・キンメル大将が就任した。キンメル大将は合衆国艦隊司令長官も兼任していたが、日本軍の真珠湾攻撃の責任を取らされて解任され、3階級も降格させられた。この屈辱は、真珠湾後4分の3世紀を経たいまもなお回復されていない。遺族は、いまだに復権闘争をしている。

そうした地位に、いまは攻撃した側の日本人の血を持った軍人が就《つ》いているのだから、時代は大きく変わったと言わざるをえない。

ただ、日系人といっても、ハリス大将は星条旗に忠誠を誓うれっきとしたアメリカ軍人だから、日本に対して甘い態度を取るわけがない。問題は、彼が現在の在日米軍を含めたアメリカ太平洋軍のトップであり、リバランス政策の現場責任者だということだ。

アメリカのメディアを検索すると、ハリス大将は就任時に、アジアの安全保障についてこう言っている。

「アジアの安全保障への最大の脅威は北朝鮮だ。彼らのせいでみんなが夜、安心して眠れないし、自分も目を覚ましていなければならない」

つまり、彼は最大の脅威を北朝鮮と認識している。では、中国に関してはどうだろうか?

ハリス大将は、就任時には中国に対してあからさまには非難していない。それは、オバマ政権の中国姿勢が定まっていなかったからだろう。しかし、2016年1月のワシントンDCの講演では、はっきりとこう述べている。

「中国からの攻撃があれば、われわれは必ず尖閣諸島を防衛するだろう」

これは、アメリカ軍関係者が、中国を名指しして尖閣諸島を防衛すると言った初めての出来事だった。

こうしたハリス大将の発言を聞くと、日本人としてはほっとするが、〝口先男〟にしか思えないトランプ大統領には不安を隠せない。ただし、いくら大統領が迷走しようと、アメリカの世界覇権はこれ以上後退することはありえない。

アメリカの世界覇権は揺るがないのか？

これまで、日本ではアメリカ衰退論がもてはやされてきた。９・11テロやリーマンショックのような大事件が起きるたびに、それを契機として、アメリカ衰退論が勢いづいて、今日まで続いてきた。「アメリカ帝国は崩壊する」「ドルが崩壊する」「世界は多極化する」「資本主義は終焉《しゅうえん》する」など、挙げてみればキリがない。覇権確立から一世紀もたたないうちに「パックス・アメリカーナ」は終わり、アメリカは世界覇権を喪失してしまうのだろうか？

冷戦が始まった当初、いずれソ連がアメリカを追い抜き、共産主義が世界を主導すると言われたことがある。また、１９７９年に『ジャパン・アズ・ナンバーワン』（エズラ・ヴォーゲル著、広中和歌子、木本彰子訳、ＴＢＳブリタニカ）が出た後の１９８０年代には、日本がアメリカを追い越すと言われたこともあった。しかし、ソ連は冷戦に敗れ、日本は長期低迷に陥った。挑戦者は常に敗れてきたのだ。ところが、アメリカ衰退論は、今回ばかりは違うというのだ。

たしかに21世紀になってからのアメリカは、かつての輝きを失ったように見える。ＩＴバブルの崩壊、９・11テロ、貧富の格差の拡大、国内政治の混迷、BRICS《ブリックス》をはじめとする新興国の経済成長、リーマンショック、中国の台頭などが、アメリカ衰退論を加速させてきた。最近では、トランプ大統領の「アメリカ・ファースト」が単にアメリカさえよければということだとしたら、本当にアメリカは衰退し、世界の多極化は進まざるをえないと言われている。

そのせいか、フィリピンのドゥテルテ大統領のように、アメリカの属国であるにもかかわらず、アメリカと中国を天秤《てんびん》にかける外交をやる指導者が現れた。韓国の朴槿恵《パククネ》前大統領もこれをやってきた。

しかし、いくらトランプ大統領になったとはいえアメリカがこれ以上衰退して多極化する未来を想定することは不可能だ。また、それは危険でもあるし、愚かだと言える。

ジョセフ・ナイ教授は著者『アメリカの世紀は終わらない』（日本経済新聞出版社、２０１５）で、新興国とされるロシア、インド、ブラジル、中国のいずれかがアメリカを追い越し、アメリカが世界のパワーバランスの中心にいる構図を終わらせてしまうことはほぼ不可能であると述べている。とくに中国については、その台頭がアメリカの世紀の終焉を意味すると考えるのはまったくの早計だと主張している。

「向こう数十年で中国が、大いなる野望を実現するだけの軍事力を備えることは想像しにくい」と指摘し、中国が現在のような高い経済成長を持続するのも不可能であると述べている。

私自身は２０１４年に、『中国の夢は１００年たっても実現しない』（ＰＨＰ研究所）という本を出しているが、このなかで中国の習近平主席が掲げる「中国の夢」は目標倒れに終わるということを述べている。その理由は、中国は「空気・水・油」のすべてが汚染されており、人間が住める環境ではないからだ。

これは、中国を見聞・取材してきた私の最終結論である。いくら経済発展しても、人間が住めない環境をつくってしまっては、それ以上の成長はない。豊かになったら国を逃げ出そうと考えている人々ばかりの国に、未来があるだろうか？

敵国より怖いのは「内向き」になること

中国に関してさらに言えば、最近、アメリカの中枢部の中国に対する考え方が大きく変わってきている。たとえば、ニクソン政権以来、対中国の国防政策を担当してきた「親中派」(Panda hugger：パンダハガー）の一人、元ＣＩＡのマイケル・ピルズベリー氏は、著書『China 2049』（野中香方子・訳、日経ＢＰ社、２０１５）で、

《アメリカの対中政策決定者の多くが脆弱な中国を助けてやれば、中国はやがて民主的で平和的な大国になる。中国は大国となっても地域支配、ましてや、世界支配を目論んだりはしない。》

とし、極めて楽観的に中国を認識してきたことを指摘して、警告を発している。

そして、次のように自戒と反省の弁を述べている。

《私たちは中国のタカ派の影響力を過小評価していたのである。こうした仮説（中国はやがて民主的で平和的な大国になる。中国は大国となっても地域支配、ましてや、世界支配を目論んだりはしない。）は、

すべて危険なまでに間違っていた。》

アメリカの中国に関する見方を一変させたのは、2015年に訪米した習近平主席が、「新型の大国関係論」、つまり米中二極化の「G2論」を持ち出したことも大きい。しかも、習近平主席は、米中首脳会談後の共同記者会見で、「南シナ海の島嶼は中国古来の領土であり、中国は合法、正当な海洋権益を持っている」と述べ、アメリカ側の懸念を断固拒否する姿勢を見せた。これには、さすがのオバマ前大統領も不快感を示し、以来、アメリカ政府内の中国に対する見方が大きく変わった。

中国ばかりではない、アメリカはロシアとも対決姿勢を強めた。2015年6月、4年ぶりに改定されたアメリカの「国家軍事戦略」（NMS：National Military Strategy）は、アメリカの安全保障を脅かす国家として、ロシア、イラン、北朝鮮及び中国を挙げている。これらの国家は、アメリカの「国家安全保障を脅かす行動をしている」とし、とくに「目的達成のために軍事力行使をいとわない」国家として、ロシアを名指している。トランプ大統領が起こした「ロシアゲート」は、このようなアメリカ中枢の意思に逆らったことになる。

「NMS」は、中国についても、宇宙・サイバー空間においての脅威であるとし、さらに南シナ海での岩礁《がんしょう》埋め立てに関して批判している。

トランプ大統領は、オバマ前大統領より明らかに強気である。いくら「アメリカ・ファースト」とはいえ、自ら覇権を捨てて世界を多極化させてしまうほど愚かだろうか？

アメリカがこれまで強かったのは、国が常に外に向かって開かれてきたからである。世界一開かれた国だからだ。つまり、世界と常に関わりを持ってきたから、アメリカは強かった。

ダートマス大学のスティーブン・G・ブルックス教授とウィリアム・C・ウォルフォース教授は共著『America Abroad: the United States' Global Role in the 21st Century』(Oxford University Press, 2016)のなかで、アメリカの内向きの姿勢が、軍拡競争と核の拡散につながると論じている。

ベビーブーマーが引退しても人口増が続く

今後のアメリカは衰退するどころか、再び覇権国として君臨し、繁栄していくと私は考えている。なぜなら、アメリカの置かれている状況を見ると、世界のどの国よりも圧倒的に有利な条件が整っているからだ。

アメリカが衰退しない理由、今後も世界覇権国として繁栄していく理由として、大きく、次の三つを挙げることができる。

(1) 人口増が続くこと(人口動態で優位)
(2) イノベーションとグローバル企業の発展
(3) ネットワークによる情報支配の独占

(1) は、経済成長を考えるうえで、極めて重要だ。人口が増えることと経済成長は連動しているからだ。

アメリカでは、戦後経済を牽引《けんいん》してきたベビーブーマー世代が２０１０年代前半から65歳に達し、次々に引退していった。つまり、アメリカは人口ボーナス期から人口オーナス期に転換した。こうなると、ＧＤＰ成長率は、次の式で求められるので、成長率は落ちる。

ＧＤＰ成長率＝生産年齢人口の増加率＋労働者一人当たりが生産する付加価値増加率

しかし問題は、生産年齢人口がどの程度減っているかである。日本は１９９０年代に入って生産年齢人口が減少に転じ、人口ボーナス期が終わると低成長時代に入った。そして、２０１０年には人口そのものが減り始め、経済成長はほぼストップした。

ところが、アメリカは人口オーナス期に入ったとはいえ、その減少幅は非常に小さく、人口そのものはいまでも毎年一パーセントずつ増加している。これはアメリカが移民の国であり、移民の出生率が高いからだ。

実際のところ、アメリカでも少子高齢化の傾向は出ている。しかし、その進行度は先進国中ではもっとも遅い。また、新移民が子供をつくっていけば、その世代が新しい働き手となるので、日本のようなことは起こらない。

国連の世界人口予測報によると、現在3億1０００万人のアメリカの人口は、今後も増え続け、２１００年には4億6０００万人に達する。日本は、２０５０年代に8０００万人に減り、２１００年にはなんと4０００万人と、いまの3分の1になってしまう。

アメリカ経済というのは、移民が下から支えている。移民により、アメリカでは次々に新しいアメリカ人が生まれ、彼らが「アメリカンドリーム」を目指すことで、経済が成長する。

オバマ前大統領は「ドリームアクト」(Dream Act：新移民法）と呼ばれる政策を大統領特別命令として実施した。これは、約1100万人いるとされた不法移民とその子供たちに、一定の条件を満たせば「グリーンカード」(永住権）を与えるというものだった。トランプ大統領は、不法移民を追い出すとしたが、移民排斥《いみんはいせき》までには至っていない。

移民がアメリカを支えるという国のかたちは、今後も変わらないだろう。

人口がいちばん多い世代が次の時代をつくる

アメリカの人口動態を見ていくと、全人口のなかでいちばん多い世代が、これまでのアメリカをつくってきたことがわかる。たとえば、1965年にアメリカでいちばん人口が多かった世代は、0歳から19歳。このとき、アメリカではディズニーに代表される子供文化が発展し、その後ロックミュージックが全盛になり、ベトナム反戦運動からはヒッピー世代が生まれた。この世代は、やがて社会に出て就職すると、次々にマイホームを買ったので、郊外都市が発展し、不動産ブームが起こった。

そうして彼らが働き盛りの40代になると、今度は投資ブームが起こった。金融が改革されて投資信託が人気を集め、住宅を担保とするリファイナンス、クレジットカード決済などが一般化した。株価も不動産も順調に値上がりした。

経済学者ハリー・S・デント・ジュニアによると、地価のもっとも強力な要因は人口動態と言う。

【図表7】アメリカの人種別人口構成の推移（予測）

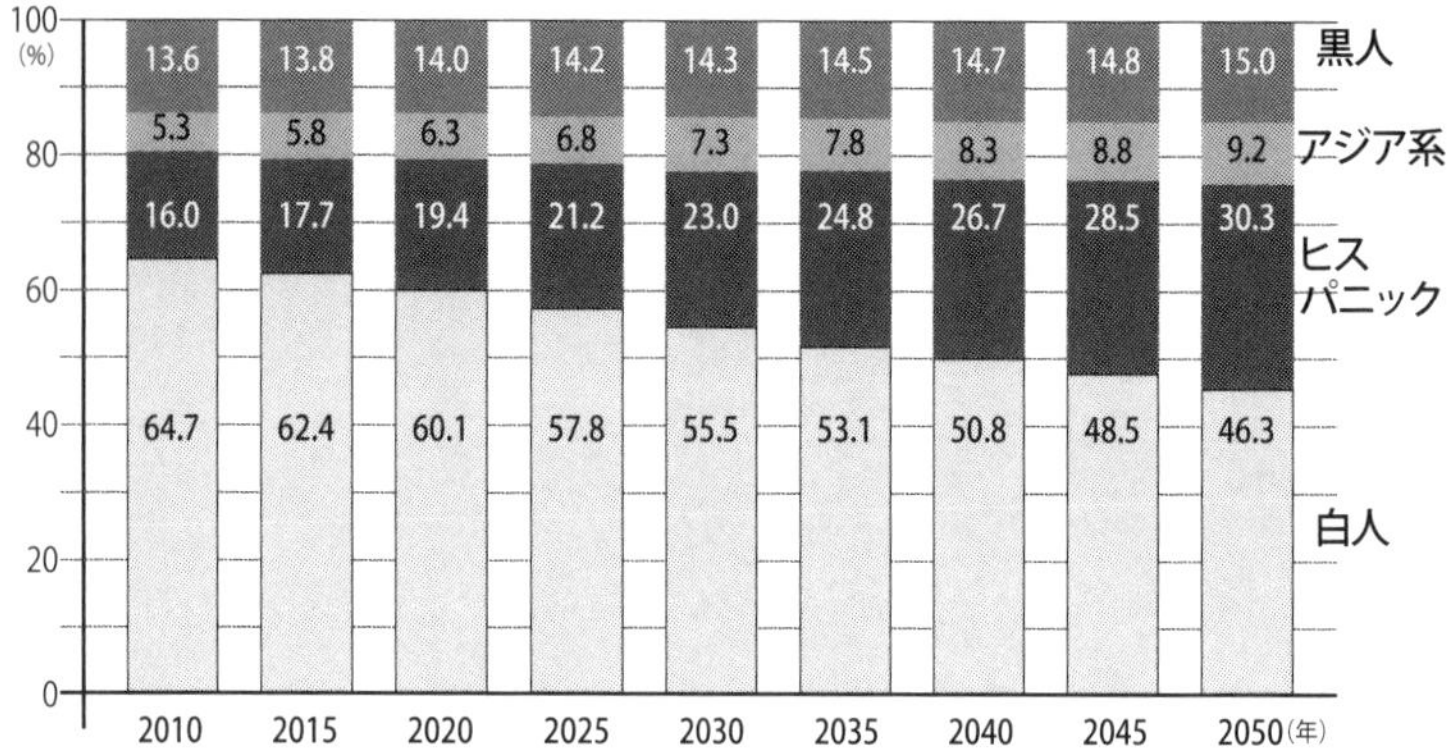

出典：U.S. Census Bureau（米国勢調査局）

また、一国の経済は、45歳～50歳世代によって支えられると言う。なぜなら、この年代で所得はピークに達し、消費も投資も活発に行うからだとされる。投資をするのもローンを借り入れるのも、この世代が中心で、この世代が分厚いほど経済は成長するというのだ。

　こうしたアメリカと反比例するのが、中国である。中国は2015年を境に人口ボーナス期から人口オーナス期に転換した。生産年齢人口も減少し続けている。そこで、中国政府はとうとう一人っ子政策を止めることにした。しかし、もう手遅れかもしれない。中国はこの先十数年で、日本よりも急速に高齢社会になっていくとされている。

　つまり、人口動態から見れば、かつてゴールドマンサックスなどが将来予測として提示した「米中逆転」など、絵空ごとである。アメリカは今後も開かれた国である限り、発展を続けていくと見るのが正解だ。

　ただし、白人国家としてのアメリカは終焉する。

　上の**【図表7】**を見ていただきたい。これは、「アメリカの人種別人口構成の推移（予測）」である。この図表から、２０１５年時点のアメリカを人種別人口構成から見ると、白人比率は62・４パーセントであり、ヒスパニックが17・７パーセント、黒人が13・８パーセント、アジア系５・８パーセントとなっている。つまり、まだ白人人口が５割を超えているが、将来予測によれば、２０４５年までに白人人口は５割を割り込んでしまう。となると、白人はマイノリティになるわけで、アメリカは白人国家ではなくなってしまうのだ。

白人がマイノリティになる。この恐怖感が、人種差別発言をいくら繰り返しても、トランプ大統領を誕生させてしまったと言えるだろう。

ちなみに、トランプ大統領の地元であるニューヨークでは、すでに白人はマイノリティになっている。白人人口はもう３割程度しかなく、人種別ではヒスパニックとほぼ同じ比率である。だから、地元にもかかわらずニューヨーク州の大統領選では、トランプ氏はヒラリー候補に大きく離されて負けてしまった。

では、アメリカを建国したＷＡＳＰ（ワスプ）はいったいどれほどいるのだろうか？　アメリカの全人口を約３億１０００万人として、そのうち約2億人が白人である。この約2億人の白人のうち、東欧（スラブ）系とラテン系などが約1億４０００万人とされ、ＷＡＳＰは約６０００万人とされている。アメリカでは国勢調査で先祖あるいは民族系列がなにかを聞かれるが、それによると、もっとも多い先祖はドイツ系で約15パーセント、次がアイルランド系で約10パーセント、第3位がアフリカ系（黒人）で約9パーセント強、英国系は第4位で黒人とほぼ同じ約9パーセントである。

シェールガス・オイル革命とイノベーション

（２）のイノベーションとグローバル企業の発展については、多くを述べる必要はないかもしれない。リーマンショック後、長期にわたって停滞を続けた世界経済だが、その低迷からいち早く抜け出したのは、やはりアメリカだった。日本、欧州がゼロ金利まで導入して量的金融緩和を続けるなか、ＦＲＢ（米連邦準備制度理事会）は２０１５年に、それまで三度にわたって実施してきたＱＥ（量的緩和）を手仕舞いしてしまった。

このＱＥが実施されてきた間に、アメリカでは二つの画期的なことが起こった。一つは、「シェールガス・オイル革命」である。それまではコスト的に見合わなかったシェールガスとオイルが、掘削技術のイノベーションによって大量に生産できるようになった。

その結果、石油価格は大幅に下落し、世界規模で石油の需給を緩和させ、産油国の没落を招いた。エネルギー価格の下落は、生産コストの低下を招くので、モノやサービスをつくる国では、結果的に経済成長を押し上げる。

エネルギーコストが下落すると世界経済全体ではマイナスになるという見方があるが、石油価格の下落は、石油輸入国から産油国に移転する所得が減るということだから、困るのは産油国側だけで、全体ではプラスである。

アメリカはシェールガス・オイル革命でなんとエネルギー輸出国になったのだから、プラスの面のほうがはるかに大きい。エネルギーが自給自足できるということは、極めて重要なことだ。ちなみに、アメリカは食糧も自給自足できる。この二点において、他国に頼る必要はないのである。

るアメリカの世界覇権は、経済においては、基軸通貨のドルを石油とリンクさせ、世界金融を支配することで成り立ってきた。これが、シェールガス・オイル革命でいっそう強化されたのだから、怖いものなしである。

オバマ前大統領が中東に介入するのを止めたのも、中東の石油が必要でなくなったからである。

シェールガス・オイル革命を起こしたイノベーションは、アメリカ企業の活動を見れば、あらゆる分野に及んでいる。

イノベーションとは政府が起こすものではなく、民間企業が起こすものだが、この分野でアメリカが世界でダントツのイノベーション力を保持している。21世紀に入って、イノベーションを起こしてきたのは、ほとんどがアメリカ企業である。

ＩＴ分野はもとより、バイオ分野、３Ｄプリンターによる生産、ロボットによる生産、自動運転車にいたるまで、新技術はほぼアメリカ企業が独占している。

とくに、ＩＴ・インターネット関連では、ＡＩ（Artificial Intelligence：人口知脳）の開発、IoT（Internet of Things：インターネット・オブ・シングス）など、アメリカ企業なくしては成り立たない時代に突入している。

政治と産業が一体化している「政産複合体」

資本主義は、企業で成り立っている。だから、単純に企業が活き活きと活動し、利益を上げている国が、世界でいちばんパワーを持つ。アメリカの衰退は、リーマンショック後の「財政の崖問題」

い。しかし、アメリカ企業が衰退しない限り、アメリカは衰退しない。

「決められないオバマ政治」「もう世界の警察官ではない発言」などを見れば、そう言えなくもない。しかし、アメリカというのは、そのパワーの根幹はやはり企業なのである。アメリカ企業が衰退しない限り、アメリカは衰退しない。

企業の総収入をもとに世界の企業をランク付けした『フォーチュングローバル500』の2016年版を見ると、日本の企業は、トヨタ自動車、ソフトバンクなど52社がランクインしている。しかし、ここ数年、ランク入り企業数が減少を続けている。もちろん、断トツでトップなのがアメリカで128社がランク入りし、そのうちの多くの企業がランキング上位を占めている。ちなみに、中国企業は110社、ドイツ、英国、フランスなどの欧州企業は84社がランクインしている。

アメリカの政治を見ていくと、政治と企業が密接に結びついていることがわかる。とくに軍事産業は政府あっての産業である。したがって、政治はほぼ企業からの献金で行われており、アメリカの政治家の多くは、アメリカのグローバル企業の代理人と言っていい。日本のように、政治家だけを職業として、二代目、三代目などという人間は、アメリカ政界には少ない。

たとえば、ジョージ・ブッシュ（息子）政権では、ブッシュ大統領本人がカーライル、ディック・チェイニー国防長官がハリバートン、コンドリーザ・ライス国務長官はシェブロンというように、バックには必ず大企業がついていた。

これは、オバマ前政権でも同じだった。オバマ前大統領を誕生させたのは、ネットによる小口献金とウォール街の資金である。ウォール街資金は、ゴールドマンサックス、シティ・グループ、JPモルガンなどのほか、多くのヘッジファンドが出した。そのため、オバマ前大統領は就任するやいなや、公的資金を注入して金融機関や企業を救うという大規模な「ベイルアウト」（救済）を行った。オバマ政権で副大統領を務めたバイデン氏の一族は、パラダイム・グローバル・アドバイザーズというヘッジファンドを経営している。そして、ヒラリー・クリントン国務長官は夫と設立した慈善団体のクリントン財団に、世界中から巨額の寄付マネーを集めることに成功した。

つまりアメリカという国家は、「軍産複合体」であるばかりか、政治と産業が一体化している「政産複合体」なのであり、企業が強い限り、たとえ政治が弱く見えても、それはまやかしにすぎない。

トランプ大統領もまた、ヘッジファンドの大手ルネッサンス・テクノロジーズのＣＥＯロバート・マーサとその娘レベッカのファミリー財団からの多額の献金をえて当選した。共和党で言えば、アメリカの大富豪コーク兄弟が大量献金でバックアップしている。

このように見てくれば、人口が増え、イノベーションを起こす企業群を持っているアメリカが衰退するはずがない。１９９０年代、アメリカはＩＴイノベーションを起こし、クリントン大統領はそれを経済成長に結びつけた。結局、これと同じことが、トランプ大統領の代になっても繰り返されるのは間違いない。トランプ大統領が余計なことをしなければ、アメリカ経済は成長を続けていく。「Make America Great Again」（メイク・アメリカ・グレート・アゲン）は、自然に達成されるのである。

アメリカはネットワークと情報の支配者

（３）のネットワークによる情報支配の独占については、もう言うまでもないことだ。ネットができたことにより、リアル世界の覇権構造は、ヴァーチャル世界によって大きく左右されることになった。

しかし、このヴァーチャル世界は、いまのところ事実上アメリカのものである。

２５００年前に書かれた中国の『孫氏の兵法』で、孫氏がもっとも重視したのが「情報」(intelligence：インテリジェンス）だった。孫氏のいちばん有名な言葉、「彼《か》を知り、己《おのれ》を知れば、百戦して殆《あや》うからず」は、情報がなければ勝てないということを表している。「彼を知り」ということは、「情報を集めろ」ということだ。そうすれば、孫氏が理想とした「戦わずして勝つ」ということが可能になる。

これを見事にやってのけているのが、現代のアメリカである。ＩＴ革命によって、世界中の情報はほぼすべてデジタル化され、データベースに収められることになった。文字情報だけではない、音楽、画像、映像すべてがデジタル情報となり、いまや貨幣などの金融資産もデジタル化され、金融はフィンテックとなった。医療もヘルステックとなった。そして、私たち人間そのものの情報もほぼデジタル化された。

ＡＩは日ごとに発達し、この先、レイ・カーツワイル氏が唱えた「シンギュラリティ」(singularity：技術的特異点）が訪れることは確実になっている。そうなると、人間はＡＩと合体化（サイボーグ化）してさらに進化していくことになるだろうが、このようなサイボーグが登場するのは、真っ先にアメリカだろう。

それでは、こうした未来への流れをつくってきたのは、どんな企業だろうか？

マイクロソフト、アップル、グーグル、アマゾン、オラクル、フェイスブックと挙げていくまでもなく、ほぼすべてアメリカ企業であるのは言うまでもない。宇宙開発においても、イーロン・マスク氏のスペースX社、自動運転車の開発に関してもテスラモーターズが世界をリードしている。これらの企業群により、情報の中核になる技術とイノベーションは、現在、ほぼすべてアメリカが所有している。

しかも、アメリカ政府はこれら企業が集めた情報を政府に提供させている。IT企業が集めた情報は、NSAやCIAに集積され、日々の政治に利用されている。すでにアメリカは、いま地球上に生きている人間一人ひとりの情報をすべて握っているはずである。

これを「全人類データベース」と呼ぶことにすれば、それはもう完成している。とすれば、一度これを握ってしまえば、もはやどの国も対抗することは無理である。リアルでもヴァーチャルでも、アメリカにかなう国家が出現する可能性は極めて低い。

このように見てくれれば、アメリカというのは、これまでの歴史で出現した帝国のなかで、最強の帝国であると言えるだろう。アメリカ衰退論は、戯言《たわごと》にすぎない。

民主党が南ベトナムを共産勢力に献上した

ここで、１９９０年、冷戦がアメリカの勝利で終わったときのことを思い出してほしい。あのとき、ブッシュ（父）大統領は、「世界は一極になった」と力強く宣言した。しかし、それは結局宣言だけで終わり、第8章で述べたようにフクヤマ博士の「歴史の終わり」は訪れず、いまだに第7章で述べた「覇権安定論」の世界は完成していない。

アメリカは20世紀の三つの大戦に勝利した。第一次大戦、第二次大戦、冷戦、この三つの戦争にすべてに勝った。ところが、その勝利の恩恵を、アメリカも世界全体も受けていない。いったい、これはどうしたことなのだろうか?

この20世紀の苦い経験から学べば、21世紀にアメリカがすべきことは、覇権の強化以外にない。そうして、ロシアと中国相手の「新冷戦」には、絶対に勝たなければならない。

アメリカの今後は、1960年代のベトナム戦争の失敗と1980年代の対ソ強硬路線の成功という二つの教訓からいかに学ぶかにかかっている。

ベトナム戦争の失敗というのは、アメリカの優柔不断さからきている。ベトナム戦争でアメリカは、第二次大戦で敵国となった日本やドイツ相手に取ったような断固たる態度を取らなかった。そればかりか、自ら和平を申し出て、最終的にベトナムから撤退してしまったのである。結局、その後にベトナムも市場経済を受け入れ、資本主義国家化したことを見れば、ベトナム撤退は明らかな間違いだった。

このことは、アメリカの保守本流を代表する女性論客アン・コールターが、著書『リベラルたちの背信—アメリカを誤らせた民主党の60年』(草思社、2004)で、徹底的に追及している。

彼女は、当時のアメリカ国内の世論を、《左派が戦意を削ごうと執拗《しつよう》に努力したにもかかわらず、アメリカ国民の大半は一貫してベトナム戦争を支持していた》とし、《反戦運動が国を席巻したという神話など愚の骨頂である》とまで書いている。

サンフランシスコで、ベトナム反戦を訴え、「武器ではなく花を」と訴えたフラワーチルドレンを、アメリカの若者たちの総意ではないと断じている。そして、さらにこうまで言っている。

《結局、ベトナム戦争は民主党のケネディ政権が始め、そして民主党の議会が南ベトナムを見捨てて共産側に差し出したのである。》

このような主張の持ち主だけに、彼女は、レーガン大統領を高く評価する。レーガン大統領は在任中に「戦争屋」と言われ、嘲笑《ちょうしょう》の的《まと》とされたことがある。しかし、彼がいなかったら、冷戦は終結しなかったからだ。

この彼女の主張に、トランプ大統領は大いに共感し、選挙戦中に「Ann Coulter has been amazing」(アンは素晴らしい)とツイッターしている。アン氏のほうも、「われわれが信頼するトランプに」というファンブックを執筆し、トランプ氏がメキシコ国境に壁をつくるとしたことを支持し、「メキシコの現状はアメリカの悲惨な未来の姿だ」と主張した。

なぜソ連はアメリカに降伏したのか？

たしかに、レーガン大統領ほど、徹底して共産勢力と戦ったアメリカ大統領はいない。以下、アン・コールター氏の著書にそって、レーガン時代を振り返ってみたい。

レーガン大統領は、ニクソン政権の国務長官ヘンリー・キッシンジャーが、１９７６年に「ソビエトの勢力拡大を防ぐことはできない」と述べたことを強く非難し、彼が唱えた「必要からくる共存」という政策は間違いだと断じた。

そして、ソ連との「デタント」（緊張緩和）は無意味だと考え、ソ連がミサイルを一基つくれば、アメリカは二基つくるとして軍拡を進めた。欧州にはパーシング・ミサイルを配備し、グレナダに侵攻して共産勢力を排除した。また、アンゴラ、アフガニスタン、エチオピア、ポーランド、ニカラグアなどでは反共勢力を支援し続けた。そうしながら、石油規制緩和により石油価格を急落させて、石油輸出に依存しているソ連経済を追いつめていった。これは、現在、ロシアに対してアメリカがやっていることと同じだ。

レーガン大統領は、当時、バカげているとされた「スターウォーズ」構想を推進した。これは、戦略防衛構想（ＳＤＩ）と呼ばれ、アメリカに向かうソ連の核ミサイルをレーザー衛星や地上の迎撃システムで撃ち落としてしまうというものだった。彼は「ソ連は核の脅しをかけられなくなればただの低開発国にすぎない」と考えていた。

ソ連のゴルバチョフ書記長は、このSDI構想が本当に実現したら、ソ連はアメリカに対抗できないと考えた。そこで、１９８６年10月、アイスランドの首都レイキャヴィックで米ソ首脳会談を持ち、米ソによる大規模な兵器削減の提案を行った。その条件の一つにＳＤＩの放棄が含まれていた。

しかし、レーガン大統領はこれに応じなかった。彼が目指したのは、中途半端な平和、均衡上の平和ではなく、この世の中から共産主義がなくなったうえでの平和だったからだ。

こうしてソ連は追い詰められ、１９８９年、ブッシュ大統領（父）になってから、ベルリンの壁が崩壊し、東欧諸国は解放された。東西ドイツは統一され、１９９１年、ついにソ連そのものが消滅して冷戦は終わった。

　このようにレーガン大統領時代のアメリカを振り返ると、二つの同盟国の政権がアメリカを支えたことに気がつく。その二つとは、もちろん日本の中曽根政権とイギリスのサッチャー政権である。日本は１９８５年のプラザ合意で円の切り上げに応じ、アメリカ国債を大量に買ってアメリカ財政を支えた。日本は、ソ連に対する防波堤の役目を確実に果たしたのである。

「みずほの国の資本主義」という時代錯誤

　それでは、ここで、私たちの国がある東アジア、極東地域の現在を見てみよう。１９９０年に冷戦が終わったにもかかわらず、この地域では「新冷戦」が拡大している。それをやっているのは、いずれもかつて共産勢力が支配した国家か、いまも支配中の国家である。中国、北朝鮮、そしてロシアが、東アジアの平和と安全を脅かしている。

　だから、ここ十数年で日本国内のナショナリズムは日ごとに高まってきた。左派勢力は勢いを失い、右派勢力の台頭が目覚ましい。ただし、右派というのはアメリカや欧州の右派とは徹底的に違っている。彼らの主張を聞いていると、日本至上主義が露骨すぎ、客観性をないがしろにしているので、ときとして危険な兆候を感じる。

　ナショナリズムが高まれば、そこから民族至上主義や排外主義が生まれ、最終的には全体主義につながっていくのは歴史の必然だ。日本は移民・難民が押し寄せているわけでもないのに、ナショナリズムが過ぎるのではないだろうか？

　しかも、経済の分野で、なぜか排外主義的言論が多くなったのにも、危惧《きぐ》を覚える。新自由主義が極端に嫌われている。TPPなどの国際的な自由化には根強い反発がある。さらに、一部の〝愛国〟を装った評論家が「国民経済」を強調し、さらに〝偽装愛国〟の評論家は「経済は経世済民ですから国民のためにあります」などと言い、「みずほの国の資本主義」という的外れな言論を展開している。

つまり、彼らはグローバリズムが国民を不幸にすると言いたいのだ。また、グローバリズムが格差を助長するとも言いたいのだろうが、これらはすべて本質のすり替えであり、トランプ大統領が選挙戦でやったことと同じだ。

ここではっきりさせておきたいのは、現代に通じるナショナリズムは18～19世紀にかけて成立したが、同時にグローバリズムも誕生したことだ。

１９９０年に冷戦が終結した後、グローバリゼーションの時代になったと言われた。だからこれをグローバリズムと勘違いしている人がいるが、経済におけるグローバリズムははるか昔から存在している。それは、国際貿易と国際分業だからだ。

近代国民国家の成立と同時期に資本主義が誕生した。この時期の資本主義は、三つのもので成り立っていた。言い換えると、資本主義の生産手段は、土地、労働力、資本の三つとされていた。当初、これらの生産手段は国家のなかでのみ移動が可能とされたが、すぐに国境を越えて移動するようになった。

近代資本主義は、18世紀の半ば、英国のマンチェスターで綿工業から始まったとされるが、綿花は熱帯性の植物であり、欧州には存在しなかった。当時、綿花を栽培していたのは、カリブ海諸国やアメリカ南西部であり、ここから大西洋を横断して英国まで運ばれた。

しかも、綿花栽培のプランテーションでは、アフリカから運ばれた黒人奴隷が労働力として使われていた。つまり、資本主義は一国では成立しないのだ。資本主義経済は、その始まりからグローバリズムなのである。

したがって、グローバリズムを否定し、国を閉じる保護主義を唱えることは、自ら貧しくなることを宣言しているのと同じだ。

世界にはグローバルガバナンスが存在しない

現在、私たちは極限まで発展した資本主義経済のなかで生きている。それなのに、「国民経済」などと、一国だけの経済を論じている学者や評論家は化石人間と言うしかない。最初に一国単位の経済があり、それが結びついてグローバル経済になったのではない。初めから、世界はグローバル経済だったのである。グローバリゼーションははるか昔から存在し、そのステージを時代ごとに変えて現代に至っているにすぎない。

ところが、近代になって成立した国民国家とそれに基づく国民意識、つまりナショナリズムが、グローバリゼーションを阻害《そがい》してきた。

近年、その阻害が大きくなり、欧州ではブレグジット（英国EU離脱問題）を生み、アメリカではトランプ現象を生んでしまった。要するに、グローバリゼーションは「壁」に突き当たってしまった。

グローバル資本主義では、ヒト、モノ、カネという生産手段の三つが国境を越えて移動する。ところが、モノ（製品、資源）、カネ（資本）は別として、ヒト（人間＝労働力）だけはグローバル展開が利かない面が多すぎる。人間には、人種、民族、国籍、文化、言語の壁が存在するからだ。

これがあるから、人間の長期の移動がもたらす「移民」「難民」が、ナショナリズムと対立してしまう。

とはいえ、いまやネットの時代である。やがて、世界はＡＩ時代に突入していく。つまり、情報や技術に関しては、すでに瞬時に移転してしまうようになった。その意味で、グローバル化は標準化であり、グローバリズムはより強固になっていくのは間違いない。世界はよりフラットになる方向に向かって進んでいる。したがって、「グローバリズムVSナショナリズム」という捉え方で世界の政治と経済を論じていても、あっという間に時代遅れになってしまうだろう。

トランプのアメリカは一過性の出来事で、アメリカはけっして内向きになることはなく、世界覇権国家として、この先も存在していくのは間違いない。

しかし、ここに、まだ大きな問題がある。それは、いくら世界覇権国が存在しても、いまだにグローバルガバナンスが存在しないことだ。グローバルガバナンスとは、「世界統治」と訳すと堅すぎるので、世界全体を上手く管理運営していくというようなことと思えばいい。つまり、世界秩序を形成する力、方法が確立されていないのである。

その結果、個々の国家では、現在のグローバリズムの流れに対処できない。この世界は、いまだに、国境の内側にいる住民を代表する主権国家が、平等な立場で並列的に存在しているにすぎない。

したがって、グローバルガバナンスは、あらゆる国家が参加して話し合いで決めるしかない現状にある。いまのところ、このグローバルガバナンスでのリーダーシップはアメリカが握っている。世界経済のほとんどは、アメリカ型の資本主義で動いている。つまり、私たちはそのなかで、個々の生活、経済活動をしていくしかない。なぜなら、いまだにどの国も、アメリカに代わる価値観とシステムをつくり出せていないからだ。

属国を永続させるのがもっとも合理的

現代世界のグローバルガバナンスの最大の担い手は、「国際連合」である。しかし、この国連は機能しているであろうか？

世界には、国連以外に多くの国が参加する国家間の枠組みがいくつも存在する。これを「国際公共財」と呼ぶ。たとえば、ＩＭＦ（国際通貨基金）、ＷＴＯ（世界貿易機関）、ＷＢ（世界銀行）、ＮＡＴＯ（北太西洋条約機構）、ＥＵ（欧州連合）、ＡＤＢ（アジア開発銀行）、ＡＳＥＡＮ（東南アジア諸国連合）、ＮＡＦＴＡ（北米自由貿易協定）などが、これに該当する。ＴＰＰもまた、こうした国際公共財の一つになるはずだった。

これらの機構と、それらを支えるルールは、第二次大戦後、世界覇権国のアメリカによってつくられ、そのイニシアティブによって今日まで運営されてきた。

これにじつは、最大の貢献をしてきたのは日本である。

世界全体のＧＤＰの推移を見ると、１９５０年から２０１５年にかけて一人当たりの実質ＧＤＰの平均は約６倍に拡大している。つまり、グローバリズムとそれを促進した国際間の枠組みが、世界を発展させてきたのである。

そして、日本はその恩恵をもっとも受けた国家の一つである。

トランプ大統領のアメリカは今後どうなっていくのか？　さらにトランプ大統領以後のアメリカがどうなっていくのか？　これを明確に予測することはできない。

しかし、繰り返し書くが、地政学の「覇権安定論」と「ロジック・オブ・イベンツ」の論理にしたがえば、日本が取るべき道は明確である。属国は日本が取りうる最大の合理的選択であり、アメリカが世界覇権国であり続ける限り、これを永続させる以外に道はない。

あとがき

日本人自身が持つべき「歴史」とは、なんだろうか？　歴史というものは、いくらそのときそのときに起こった出来事（イベンツ）を時系列に羅列《られつ》していっても成立しない。「何年・何月・何日になにが起こったか？」という事実だけでは、本当の意味での歴史とは言えない。

歴史が成立するのは、歴史的事実に「歴史認識」（歴史観）が加わったときだけである。もっと簡単に言えば、現在、私たちが生きているこの世界が、どのように形成されてきたのかを知ることだ。それがわかれば、私たちは初めて歴史から教訓を引き出し、より望ましい未来を構築できるようになるだろう。私たちの子供たちは、私たちが過去に冒してきた間違いを乗り越えて、勇気を持って前に進んで行くことができるだろう。

それなのに、日本の歴史教育は、これまで単なる事実の羅列だけに終始してきた。とくに近代史においては、この傾向が顕著だ。１９８９年（平成元年）、文部省（現・文部科学省）は学習指導要領によって、高等学校での世界史を必修化した。その目的は、「国際社会に生きる日本人としての自覚と資質を養う」ということだったが、今日、それが実現したと言えるだろうか？

日本の左派の人々のこれまでの言動を見ると、こうした歴史教育がむしろ逆に作用し、自分たちで勝手な歴史認識をつくりあげ、それによって事実をねじ曲げてきたとしか言いようがない。たとえば、『朝日新聞』が〝報道〟してきた「従軍慰安婦《いあんふ》」の数々の記事は、「自虐史観」が先にあり、それに合わせてありもしない歴史を読者に提供し続けてきた。

そのため、朝日新聞は２０１４年９月、ついに記事の訂正と謝罪に追い込まれた。

また、これまでの日本の歴史教育は、ほとんど左派の人々たちによって独占されてきた。彼らは、日本国憲法を崇拝し、戦争や武力行使を認めないことで、「絶対平和主義」という〝教義〟の伝道を子供たち相手に、本当に熱心に今日まで行ってきた。

「戦争はなんの解決にもならない」というのは、政治的には正しいだろう。道徳的にもまったく正しいだろう。だから、こう教えれば、子供たちは戦争をしなくなると、彼らは思っていたのかもしれない。

しかし、このような考えで歴史を教えることで、子供たちは歴史を理解できただろうか？　このような教育では、子供たちがいずれ直面せざるをえない現実に対処できるわけがない。政治的、道徳的に正しい行動を取れば取るほど、子供たちは深く傷つくだけだ。大人も同じである。

人類の歴史は、ほとんどが戦争の歴史だ。現代世界は近代国家の興亡により、ここ何世紀かの間に行われた戦争によってつくられてきた。戦争や武力行使が国境を書き換え、民族を統合し、愛国心を養い、グローバリズムを生み出し、かつまた新しい政治や経済のシステムをつくってきた。

欧州でもアジアでも、いまある国々をつくったのはすべて戦争であり、アメリカができたのも英国と独立戦争を戦ったからである。日本を開国させたのはペリー提督が率いてきた黒船という武力であり、ナチスドイツのファシズムと反ユダヤ主義を破壊したのは、連合軍の軍隊だった。ソ連の共産主義を倒したのも、１９８０年代に強化されたアメリカの軍事力である。

この世界が、政治的に公正で、道徳的に正しかったことなど一度もない。にもかかわらず、ファンタジーにすぎない平和主義に基づいて歴史を語っていいのだろうか？

野心を抱いた独裁者、暴力革命を扇動した共産主義者、腐敗した政治家や官僚、金権主義に凝り固まった実業家などが、いり乱れて歴史はつくられてきた。このことを子供たちに教えるべきだ。

そうして、法による支配を維持しつつも、最終的な解決手段としての戦争、武力行使は、いまのところ放棄できないことを教えなければならない。

日本の平和と安全を維持するのは、武力を持たないことではない。武力を保持したうえで、それを行使して国を守る決意があることを示すことである。そして、国家としての理念を持ち、人類の発展にいかに貢献できるかを常に追求していかねばならない。

そのためには、いずれは核保有国となり、アメリカが覇権国家としての理念を放棄しない限り、アメリカの属国という現在のポジションを維持し続けなければならない。もちろん、属国から独立しなければならないときが訪れるかもしれない。そのときがいつかはわからないが、そのときは、覚悟を持ってそうすべきだろう。

たとえ現在はアメリカの属国であっても、安易な方法での平和と安全はありえないことを、私たちは再認識しなければならない。

2017年9月

山田 順

主な参考文献 ＊順不同

『超訳 日本国憲法』（池上彰、新潮新書、２０１５）
『日本国憲法はどう生まれたか？ 原典から読み解く日米交渉の舞台裏』（青木高夫、ディスカヴァー携書、２０１３）
『アメリカ 自由と変革の軌跡―建国からオバマ大統領誕生まで』（デイビッド・ルー、日本経済新聞出版社、２００９）
『詳説日本史【改訂版】』（山川出版社、１９９９）
『国際連合という神話』（色摩力夫、ＰＨＰ新書、２００１）
『「日本」を捨てよ』（苫米地英人、ＰＨＰ新書、２０１２）
『サンフランシスコ平和条約の盲点（新装版）』（原貴美恵、溪水社、２０１２）
『With MacArthur in Japan: A Personal History of the Occupation』（William Sebald', Russell Brines', W. W. Norton & Company, 1965）
『Foreign Office Files for Japan and the Far East 1951: September』（Adam Matthew Publications, 1998）
『Japan and the San Francisco Peace Settlement (Studies of the East Asian Institute)』（Michael M. Yoshitsu, Columbia Univ. Press, 1983）
『マッカーサー回想記』（津島一夫・訳、朝日新聞社、１９６４）
『日本国憲法を生んだ密室の九日間』（鈴木昭典、創元社、１９９５）
『日米外交60年の瞬間 第4部』（『日本経済新聞』連載記事、２０１２）
『昭和天皇・マッカーサー会見』（豊下楢彦、岩波現代文庫、２００８）
『昭和天皇独白録』（寺崎英成、マリコ・テラサキ・ミラー、文春文庫、１９９５）
『日本人の知らない日米関係の正体』（八幡和郎、ＳＢ新書、２０１６）
『評伝 吉田茂（上・中・下）』（猪木正道、読売新聞社、１９８１）
『The American Pageant (Fifteenth Edition)』（Cengage Learning, 2013）

『The American Nation: A History of the United States, Combined Volume（14th Edition）』（Pearson, 2011）
『History of a Free Nation（4th Edition）』（McGraw-Hill Glencoe, 1999）
『第二次大戦に勝者なし（上・下）ウェデマイヤー回想録』（講談社学術文庫、１９９７）
『対米従属の起源』（末浪靖司、高文研、２０１２）
『吉田茂とサンフランシスコ講和（上・下）』（三浦陽一、大月書店、１９９６）
『日本占領史１９４５—１９５２　東京・ワシントン・沖縄』（福永文夫、中公新書、２０１４）
『The Rising Sun：The Decline and Fall of the Japanese Empire, 1936-1945』（John Toland, Modern Library, 2003）
『Freedom Betrayed：Herbert Hoover's Secret History of the Second World War and Its Aftermath』（George H. Nash, Hoover Institution Press, 2011）
『日米戦争を起こしたのは誰か　ルーズベルトの罪状・フーバー大統領回顧録を論ず』（藤井厳喜ほか、勉誠出版、２０１５）
『サンフランシスコ平和条約　日米安保条約—シリーズ戦後史の証言・占領と講和〈7〉』（西村熊雄、中公文庫、１９９９）
『他策ナカリシヲ信ゼムト欲ス』（若泉敬、文藝春秋、１９９４）
『星条旗と日の丸の狭間で—証言記録　沖縄返還と核密約』（具志堅勝也・著、沖縄大学地域研究所叢書、２０１２）
『本当は憲法より大切な「日米地位協定入門」』（前泊博盛、明田川融、石山永一郎、矢部宏治、創元社、２０１３）
『アメリカの鏡・日本』（ヘレン・ミアーズ・著、伊藤延司・訳、アイネックス、１９９５）
『ペリー提督日本遠征記（上・下）』（角川ソフィア文庫、２０１４）
『一外交官の見た明治維新（上・下）』（アーネスト・サトウ、岩波文庫、１９６０）
『東京裁判（上・下）』（児島襄、中公新書改訂版、２００７）
『太平洋戦争（上・下）』（児島襄、中公新書、１９６５〜１９６６）
『戦前日本の安全保障』（川田稔、講談社現代新書、２０１３）
『日本はなぜ敗れるのか—敗因21カ条』（山本七平、角川書店、２００４）
『ヤルタ会談　世界の分割—戦後体制を決めた8日間の記録』（アルチュール・コント・著、山口俊章・訳、サイマル出版会、１９８６）

『ルーズベルト秘録（上・下）』（産経新聞「ルーズベルト秘録」取材班、扶桑社文庫、２００１）
『China, the United States and the Anglo-Japanese Alliance』（G Zay (Ge-Zay) B 1897 Wood, Wentworth Press, 2016）
『Churchill, Hitler, and "The Unnecessary War"：How Britain Lost Its Empire and the West Lost the World』（Patrick J. Buchanan, Crown Forum, 2008）
『トルーマン回顧録』（恒文社、１９９２）
『グロムイコ回想録・ソ連外交秘史』（読売新聞社、１９８９）
『ヴェノナ』（ジョン・アール・ヘインズ、ハーヴェイ・クレア、ＰＨＰ研究所、２０１０）
『キッシンジャー秘録』（小学館、１９７９）
『Meeting at Potsdam (Pax Americana Series)』（Charles l. Mee, Franklin Square Pr.1995）
『The Absolute Weapon：Atomic Power and World Order』（Bernard Brodie, Ayer Co Pub, 1946）
『Strategy in the Missile Age』（Bernard Brodie, Princeton University Press, 1959）
『国際紛争―理論と歴史』（ジョセフ・Ｓ・ナイ、有斐閣、２００５）
『日本と中国、もし戦わば　中国の野望を阻止する「新・日本防衛論」』（樋口譲次、ＳＢ新書、２０１７）
『戦争にチャンスを与えよ』（エドワード・ルトワック、文春新書、２０１７）
『自衛隊は尖閣紛争をどう戦うか』（西村金一、岩切成夫、末次富美雄、祥伝社新書、２０１４）
『マハン海上権力史論（新装版）』（アルフレッド・Ｔ・マハン、原書房、２００８）
『マッキンダーの地政学―デモクラシーの理想と現実』（ハルフォード・マッキンダー、原書房、２００８）
『最強兵器としての地政学』（藤井厳喜、ハート出版、２０１６）
『アメリカの世紀は終わらない』（ジョセフ・Ｓ・ナイ、日本経済新聞出版社、２０１５）
『China 2049』（マイケル・ピルズベリー、日経ＢＰ社、２０１５）
『リベラルたちの背信―アメリカを誤らせた民主党の60年』（アン・コールター、草思社、２００４）
『America Abroad：the United States' Global Role in the 21st Century』（Stephen G. Brooks, William C. Wohlforth, Oxford University Press, 2016）

著者略歴

ジャーナリスト、作家。一九五二年、神奈川県横浜市に生まれる。立教大学文学部を卒業後、光文社に入社。『光文社ペーパーバックス』を創刊し、編集長を務めた後、二〇一〇年からフリーランスとなり、主に国際政治・経済・ビジネスの分野で、取材・執筆活動を展開中。

主な著書には『出版大崩壊』『資産フライト』（以上、文春新書）、『本当は怖いソーシャルメディア』（小学館新書）、『「中国の夢」は100年たっても実現しない』（PHP研究所）、『日本が2度勝っていた大東亜・太平洋戦争』（ヒカルランド）などがあり、翻訳書に『ロシアン・ゴッドファーザー』（リム出版）がある。

近著に『円安亡国』（文春新書）、『地方創生の罠』（イースト新書）などがある。

個人HP：
http://www.junpay.sakura.ne.jp/
メルマガ：
http://foomii.com/00065

永久《えいきゅう》属国《ぞっこく》論《ろん》——憲法《けんぽう》・サンフランシスコ平和《へいわ》条約《じょうやく》・日米安保《にちべいあんぽ》の本質《ほんしつ》

二〇一七年九月七日　第一刷発行

著者　山田《やまだ》 順《じゅん》
発行者　古屋信吾
発行所　株式会社さくら舎　http://www.sakurasha.com
東京都千代田区富士見一-二-一一　〒一〇二-〇〇七一
電話　営業　〇三-五二一一-六五三三　FAX　〇三-五二一一-六四八一
編集　〇三-五二一一-六四八〇　振替　〇〇一九〇-八-四〇二〇六〇

装丁　石間 淳
本文DTP　川端光明
編集協力　メディアタブレット
カバー写真　朝日新聞社
印刷・製本　中央精版印刷株式会社

ISBN978-4-86581-117-9